D1731193

10× DELFT

ISBN: 978 90 5594 760 7

© Scriptum

No part of this book may be reproduced or transmitted in any form or by any means without permission from

Scriptum Publishers
Nieuwe Haven 151
3117 AA Schiedam
The Netherlands
Tel +31 (0)10 427 10 22
info@scriptum.nl

Photography	Thijs Tuurenhout
Additional photography	Hans Krüse page 157, Tiemen van der Reijken, page 243, 244 (Erfgoed Delft)
Text	Gerrit Verhoeven
Design and Layout	Idem, Jan van der Meulen
Translation	Jonathan Ellis
Lithography	Nederlof Repro
Print	DZS Grafik
visit us at	www.scriptum.nl

10× DELFT

THIJS TUURENHOUT
GERRIT VERHOEVEN

10× DELFT

7	**A small city with a great name**
11	**Historical city**
20	*City of Orange*
49	**Growing city**
54	*Border disputes*
79	**Industrial city**
84	*An enlightened entrepreneur*
109	**University city**
116	*Indonesia in Delft*
159	**Tourist city**
164	*Hugo in the middle - or perhaps not*
183	**Market city**
190	*Meat and fish*
205	**Festival city**
210	*The Procession revived*
237	**Music city**
242	*Delft Tattoo*
268	**Water city**
276	*The most beautiful ditch in Delft*
297	**Green city**
302	*A crown prince in the Kalverbos?*

7	Een kleine stad met een grote naam
11	**Historische stad**
20	*Stad van Oranje*
49	**Groeiende stad**
54	*Grensgeschillen*
79	**Industriestad**
84	*Een verlichte ondernemer*
109	**Universiteitsstad**
116	*Indonesië in Delft*
159	**Toeristenstad**
164	*Hugo in het midden – of toch niet*
183	**Marktstad**
190	*Vlees en vis*
205	**Festivalstad**
210	*De Ommegang herleeft*
237	**Muziekstad**
242	*Taptoe Delft*
268	**Waterstad**
276	*De mooiste sloot van Delft*
297	**Groene stad**
302	*Een kroonprins in het Kalverbos ?*

Binnenstad vanaf de toren van de Oude Kerk — Inner city viewed from the tower of the Oude Kerk

Een kleine stad
met een grote naam

A small city
with a great name

Delft is wereldberoemd. Dat klinkt aanmatigend voor zo'n kleine stad, maar er is niets te veel mee gezegd. Vraag in een willekeurig buitenland welke Nederlandse steden men kent, en tien tegen één dat men behalve hoofdstad Amsterdam en havenstad Rotterdam alleen Delft weet te noemen. Geen wonder, want er zijn minstens vier dingen waarmee Delft in verleden en heden naam heeft gemaakt. Het hier in de zeventiende eeuw ontwikkelde aardewerk is zo'n begrip geworden, dat al het blauw-witte plateel, ongeacht de herkomst, in het Engels simpelweg wordt aangeduid als Delftware. En is het niet blauw, dan is het wel Oranje dat men overal in verband brengt met Delft: de indrukwekkende beelden van de koninklijke uitvaarten die de Nieuwe Kerk als eindbestemming hebben, gaan telkens weer de wereld over. En wat te denken van de Delftse schilders uit de zeventiende eeuw? Als er in de Verenigde Staten of Japan tentoonstellingen worden gehouden met werken van Johannes Vermeer en zijn tijdgenoten, zijn de rijen bezoekers voor de kassa onafzienbaar. En dankzij de

Delft is world famous. That sounds somewhat arrogant for such a small city, but it really isn't claiming too much. Ask anywhere you like which Dutch cities people know, and ten to one the only city they will know other than the capital Amsterdam and harbour city Rotterdam will be Delft. Not surprising, really, because there are at least four things with which Delft has made a name in the past and present. The ceramics developed here in the seventeenth century have become so famous that all the blue and white china, regardless of its origins, is simply Delftware in English. And if it is not blue, then it is Orange that people connect with Delft: the impressive pictures of the royal funerals with the Nieuwe Kerk as their final destination, are broadcast throughout the world. And what about the seventeenth-century Delft painters? If an exhibition is staged in the United States or Japan of works by Johannes Vermeer and his contemporaries, then the queues at the box-office are likely to be long. And thanks to the Technical University and the institutions

Technische Universiteit en de daarmee verwante instellingen en bedrijven profileert Delft zich al anderhalve eeuw ook als kennisstad, met name op het gebied van architectuur en weg- en waterbouw. Als iemand zegt dat hij 'Delft' heeft gedaan, weet iedereen wat hij kan en dat het goed is. De ongeveer vijftienduizend studenten op een kleine honderdduizend inwoners maken Delft tot een bijzonder levendige stad. De talloze toeristen die Delft bezoeken, dragen daar nog eens het hunne aan bij.

Dit boek geeft een beeld van hedendaags Delft in foto's van Thijs Tuurenhout, verdeeld over tien thema's die de stad kenmerken. Elk thema is door historicus Gerrit Verhoeven voorzien van een inleiding. Hierin worden historische achtergronden geschetst – niet uitputtend, maar voldoende om te begrijpen hoe Delft is geworden tot wat het heden ten dage is: een kleine stad met een grote naam.

and companies connected to it, Delft has presented itself for more than a century and a half as a knowledge centre, particularly in the area of architecture and road and hydraulic engineering. If somebody says that he has done 'Delft', everybody knows what he can do and that he does it well. There are just under one hundred thousand residents in Delft and of these around fifteen thousand are students, making the city a particularly lively place. The countless tourists who visit Delft also make their own contribution to this.

This book gives a picture of today's Delft with photographs by Thijs Tuurenhout, divided into ten themes that characterise the city. Each theme has been provided with an introduction by historian Gerrit Verhoeven. These sketch the historical background - not exhaustively, but sufficient to understand how Delft has become what it is today: a small city with a great name.

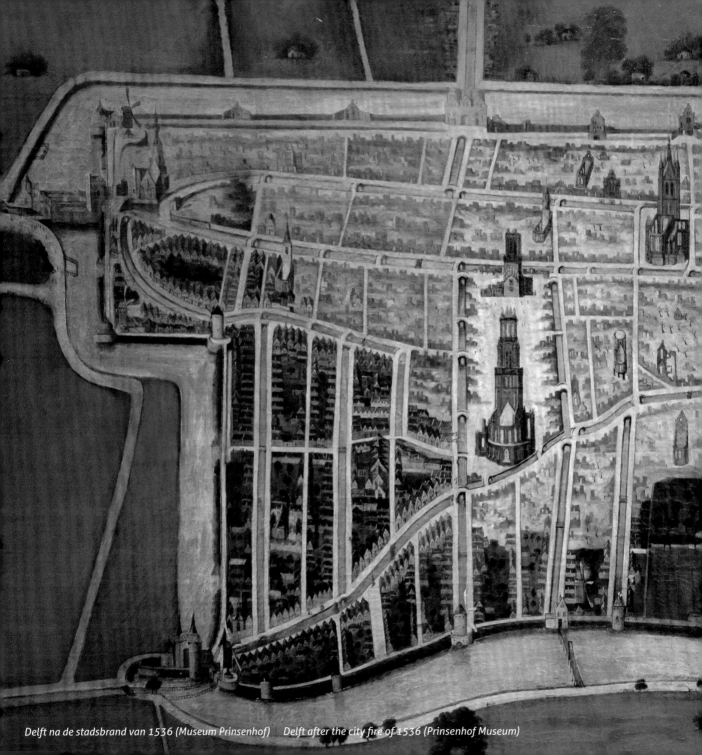
Delft na de stadsbrand van 1536 (Museum Prinsenhof)   Delft after the city fire of 1536 (Prinsenhof Museum)

Historische stad
– Stad van Oranje

Historical city
– City of Orange

Voor een wandeling door de Delftse binnenstad kun je natuurlijk gebruik maken van een moderne kaart. Maar verrassend genoeg kun je nog altijd prima uit de voeten met de plattegrond die Jacob van Deventer in 1557 tekende. Het stadsplan van Delft is namelijk in de loop der eeuwen nauwelijks veranderd. Anders dan in veel andere steden zijn slechts enkele grachten gedempt en zijn geen brede wegen dwars door de historische binnenstad aangelegd. Zelfs de bruggetjes die Van Deventer tekende, liggen er nog bijna allemaal.

Centrumfunctie
Dat betekent niet dat het stadsbeeld ongewijzigd is gebleven. Integendeel, in de acht eeuwen van zijn bestaan is Delft ingrijpend veranderd. Het moet hier allemaal begonnen zijn met een agrarische nederzetting in de buurt van een hof van de graaf van Holland. Hij gaf het dorp in 1246 een aantal privileges waardoor het een stad werd. Die onderscheidde zich in een aantal opzichten van het omliggende platteland. Om te beginnen hadden de bewoners meer vrijheden en kregen zij een zekere mate van zelfbestuur. Daarnaast

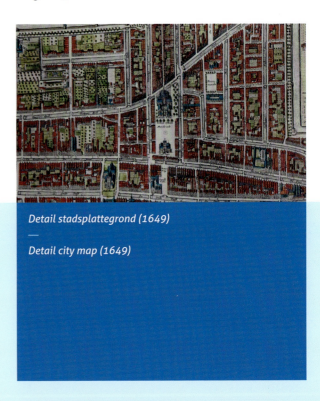

Detail stadsplattegrond (1649)
—
Detail city map (1649)

If you want to take a stroll through the inner city of Delft, you can, of course, make use of a modern map. But surprisingly enough, you could easily use the plan that Jacob van Deventer drew in 1557. The city plan of Delft has, in fact, hardly changed in the course of the centuries. Unlike what has happened in other cities, only a few canals have been filled in and no wide roads have been laid through the historic centre. And nearly all the bridges that Van Deventer drew are still there.

Centre function
That doesn't mean that the city still looks the same. On the contrary, in the eight centuries since it was founded, Delft has changed radically. It must have started here with an agrarian settlement in the vicinity of a manor of the count of Holland. He granted the village a number of privileges in 1246 which gave it the status of a city. It distinguished itself in a number of respects from the surrounding rural area. First, the inhabitants had greater freedoms and they were given a certain degree of self government. Delft also fulfilled the function of economic centre thanks to the markets

vervulde Delft een economische centrumfunctie dankzij de markten die hier werden gehouden en het goede netwerk van verbindingen over water. Bovendien zetelden hier verschillende bestuursorganen, zoals het Hoogheemraadschap van Delfland, de rentmeester van de graaf en de deken van de bisschop. Zo'n belangrijke plaats moest natuurlijk ook verdedigd worden en daarom werden er grachten omheen gegraven en muren, torens en poorten gebouwd.

Grote stad

Het ging Delft voor de wind. Binnen een eeuw na de verlening van het stadsrecht waren er ongeveer 6.000 inwoners en omstreeks 1500 al meer dan 13.000. Voor die tijd was Delft een grote stad, met de bijbehorende voorzieningen. Er stonden twee kolossale parochiekerken, een stadhuis, een tiental kloosters, twee gasthuizen, een oudemannen- en een oudevrouwenhuis, een weeshuis en verschillende kapellen. Op de stadswallen stonden tientallen torens en molens. Wie van elders naar Delft reisde, zag van verre de hoge gebouwen oprijzen uit het vlakke land.

Zes poorten

De stad was toegankelijk via zes poorten, waarvan twee dubbele. Aan het zuidelijke uiteinde van de Oude Delft stond de Rotterdamse- en Schiedamsepoort, bekend van het Gezicht op Delft dat Johannes Vermeer in 1661 schilderde. De landwegen liepen aan weerszijden van de Schie, die Delft via Delfshaven toegang gaf tot

that were held here and the good network of water connections. Furthermore, several government bodies, such as the District Water Control Board of Delfland, the count's steward and the bishop's deacon, set up their offices here. Such an important place would naturally also need to be defended and for this reason, maots were dug around it, and walls, towers and gates were built.

Big city

Delft prospered. Within a century of it being granted municipal rights, there were around 6,000 inhabitants and by 1500 this total had grown to more than 13,000. For that time, Delft was a large city, with the associated facilities. There were two magnificent parish churches, a city hall, a dozen monasteries, two hospices, a house for old men and one for old women, an orphanage and various chapels. Dozens of towers and windmills stood on the city walls. Anybody who travelled to Delft from elsewhere, saw the tall buildings rising above the flat land from a great distance.

Six gates

The city was accessible via six gates, two of which were double. At the southernmost end of the Oude Delft stood the Rotterdam and Schiedam Gate, familiar from the View of Delft that Johannes Vermeer painted in 1661. The country roads ran on either side of the Schie, which gave Delft access to the sea via Delfshaven. At the Noordeinde (Northern End), stood the Haagse and

Oostpoort

de zee. Aan het Noordeinde bevond zich de Haagse- en Wateringsepoort. Hier begon de Vliet, die Delft verbond met Den Haag, Leiden, Haarlem en Amsterdam. De grootste poort stond in het westen – hij markeerde de verbinding tussen de Binnenwatersloot en de Buitenwatersloot. Deze Waterslootsepoort gaf toegang tot het Westland en was van groot belang voor de aanvoer van de producten van veeteelt en land- en tuinbouw. Een kleinere poort over de westelijke singel stond aan het einde van de Schoolstraat. Deze Schoolpoort was alleen bestemd voor voetgangers en ruiters. Het Oostland was toegankelijk via de Oostpoort aan het Oosteinde en de Koepoort, toen nog aan het einde van de Vlamingstraat, nu van de Nieuwe Langendijk. Toen de stadsgrachten en de wallen in de negentiende eeuw hun militaire functie verloren, konden ook de poorten worden gemist. De Oostpoort stond het moderne verkeer niet in de weg en werd bovendien 'bevallig' gevonden, dus die mocht blijven staan.

Rampspoed

Het stadsplan mag dan nog middeleeuws zijn, veel huizen uit die tijd zijn er niet meer te vinden. Langs de beide hoofdgrachten en rond de Markt zijn ze verdwenen door de stadsbrand van 1536. Dat was niet de enige keer dat vuur verwoestend toesloeg. In 1618 brandde het stadhuis grotendeels af. Hendrik de Keyser integreerde de gespaard gebleven toren in zijn nieuwe ontwerp, een hoogtepunt van de Hollandse Renaissance. In 1654 ontplofte het kruithuis in het

Wateringse gate. This is where the Vliet began, which connected Delft with The Hague, Leiden, Haarlem and Amsterdam. The largest gate was in the west - it marked the connection between the Binnenwatersloot [Inner Water Ditch] and the Buitenwatersloot [Outer Water Ditch]. This Watersloot Gate gave access to the Westland and was of considerable importance for the supply of the products from livestock farming and agriculture and horticulture. A smaller gate over the western moat stood at the end of the Schoolstraat [School Street]. This Schoolpoort [School Gate] was only intended for pedestrians and horsemen. The Oostland [East Territory] was accessible via the Oostpoort [East Gate] on the Oosteinde [East End] and the Koepoort [Cow Gate], then at the end of the Vlamingstraat, now of the Nieuwe Langendijk. When the city moats and the ramparts lost their military function in the nineteenth century, it was possible to do without the gates. The Oostpoort did not hinder the modern traffic and was actually considered 'pleasing', so it remained standing.

Disaster

The city plan may date from the Middle Ages, there are few houses which have survived from that time. Those on either side of the main canals and around the Market disappeared in the city fire of 1536. That was not the only time that fire proved destructive. In 1618, the city hall was virtually razed to the ground by fire. Hendrik de Keyser included the tower that had

voormalige Sint-Claraklooster aan de Kantoorgracht, waardoor het noordoostelijke gedeelte van de binnenstad werd weggevaagd. Het zuidoosten van de stad was vanouds de armste en slechtst onderhouden wijk. Juist in dit stadsdeel, dat bij de rampen van 1536 en 1654 gespaard bleef, is in de twintigste eeuw doelbewust veel gesloopt ten behoeve van stadsvernieuwing. De oudste huizen van Delft dateren uit de zestiende eeuw. Ze zijn te vinden aan de Oude Delft, de Koornmarkt en andere grachten. De meeste zijn niet gemakkelijk te herkennen, omdat ze schuil gaan achter achttiende-eeuwse lijstgevels.

Revolutie in de kerk

De beide middeleeuwse parochiekerken zijn er nog wel, al scheelde het niet veel of de beroemde scheve toren van de Oude Kerk was gesloopt. In 1843 wilde het stadsbestuur hem vanwege de hoge onderhoudskosten laten afbreken, maar er was geen aannemer die aan dit heilloze plan wilde meewerken. Zowel de Oude als de Nieuwe Kerk zijn sinds 1573 in handen van de protestanten. De katholieken mochten pas in de negentiende eeuw weer eigen kerken bouwen. De Maria van Jessekerk aan de Burgwal verwijst met zijn twee verschillende torens naar zijn middeleeuwse voorgangers. Het interieur is prachtig beschilderd en de talrijke beelden en glas-in-loodramen laten er geen misverstand over bestaan dat dit een katholieke kerk is. Heel anders zijn de sobere interieurs van de Oude en de Nieuwe Kerk. Niet het altaar maar de preekstoel

escaped the fire in his new design, a highlight of the Dutch Renaissance. In 1654, the powder house in the former St. Clara Convent on the Kantoorgracht [Office Canal] exploded, which eradicated the north-eastern section of the city centre. The south east of the city was traditionally the poorest neighbourhood, and the least well maintained. It was in this city neighbourhood, which had survived the disasters of 1536 and 1654, that much was intentionally demolished in the twentieth century for the benefit of urban renewal. The oldest houses in Delft date from the sixteenth century. They can be found on the Oude Delft, the Koornmarkt and other canals. The most are not easily recognised, because they hide behind eighteenth-century frame gables.

Revolution in the church

Both of the medieval parish churches are still standing, although it was touch and go whether the famous leaning tower of the Oude Kerk [Old Church] would be demolished. In 1843, the city council wanted to have it demolished because of the high maintenance costs, but they could not find a contractor willing to assist in this wicked plan. Both the Oude Kerk and the Nieuwe Kerk have been in the hands of the Protestants since 1573. The Catholics were only allowed to build churches for themselves again in the nineteenth century. The Maria van Jesse Church on the Burgwal is reminiscent, with its two different towers, of its medieval predecessors. The interior is beautifully painted and the many statues and stained glass windows leave no room for

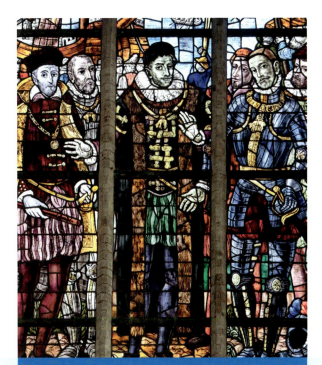

Oude Kerk, Willem de Zwijgerraam (Joep Nicolas, 1960)

—

Oude Kerk, Willem de Zwijger window (Joep Nicolas, 1960)

staat hier centraal. De muren zijn kaal op een aantal grafmonumenten na en beelden van heiligen zul je er niet vinden. Wel vele prachtige vensters met scènes uit de Bijbelse of de Nederlandse geschiedenis en niet te vergeten herinneringsramen aan gebeurtenissen die te maken hebben met het Koninklijk Huis. Dat is natuurlijk te danken aan de bijzondere band tussen Delft en Oranje, die ontstond toen prins Willem I hier zijn hoofdkwartier vestigde ten tijde van de opstand tegen Spanje. Op juli 1584 werd hij vermoord in het Prinsenhof en vervolgens begraven in de Nieuwe Kerk. Inmiddels liggen daar tientallen stadhouders, koningen en koninginnen, prinsen en prinsessen in de koninklijke grafkelder, onder het door Hendrik de Keyser vervaardigde grafmonument voor Willem van Oranje.

doubt: this is a Catholic church. The sober interiors of the Oude Kerk and the Nieuwe Kerk are completely different. There, the focus is on the pulpit and not the altar. The walls are bare except for a number of funeral monuments and there are absolutely no statues of saints. There are, however, many beautiful windows with scenes from the Bible or from Dutch history and also memorial windows for events involving the Monarchy. That is thanks to the special link between Delft and the Orange family, which arose when Prince Willem I set up his headquarters here during the rebellion against Spain. He was murdered in July 1584 in the Prinsenhof and subsequently buried in the Nieuwe Kerk. Since then, dozens of stadholders, kings and queens, princes and princesses have been laid to rest

De uitvaarten van de Oranjes zijn grootse manifestaties, die Delft dankzij de moderne media wereldwijd in beeld brengen. Ook de beroemde rechtsgeleerde Hugo de Groot (+ 1645) ligt hier begraven. In de Oude Kerk staan grafmonumenten voor andere grote Nederlanders, zoals de admiraals Piet Heyn (+ 1629) en Maarten Harpertsz Tromp (+ 1653) en Anthony van Leeuwenhoek (+ 1723), de man die met zijn zelfgemaakte microscoopjes ontdekkingen deed die de wereld verbaasden.

Cultuurschatten

Toen Willem van Oranje in 1572 zijn intrek nam in het gebouw dat wij nu kennen als het Prinsenhof, was dit nog in gebruik als het vrouwenklooster Sint-Agatha. Het was het oudste en rijkste klooster in de binnenstad. In de vijftiende eeuw woonden er ongeveer 125 zusters. Sinds de opheffing in 1573 heeft het tal van functies gehad. Eerst residentie van de Prins, daarna onder meer Latijnse School, lakenhal, Kamer van Charitate (voor uitdelingen aan de armen) en kazerne. In 1887 werd een gedeelte ingericht als historisch museum voor vaderlandse geschiedenis en in 1948

Oude Kerk, gedenksteen voor Johannes Vermeer

—

Oude Kerk, memorial plaque to Johannes Vermeer

in the royal crypt under the funeral monuments to Willem of Orange which was made by Hendrik de Keyser. The funerals of the Oranges are major events, which, thanks to the modern media, broadcast pictures of Delft throughout the world. The famous legal scholar Hugo de Groot (+ 1645) is buried here too. The Oude Kerk also has monuments to other great Dutch figures, such as the admirals Piet Heyn (+ 1629) and Maarten Harpertsz Tromp (+ 1653) and Anthony van Leeuwenhoek (+ 1723), the man who made discoveries with his home-made microscopes that amazed the world.

Cultural treasures

When Willem of Orange took up residence in 1572 in the building that we now know as the Prinsenhof, it was still in use as the St Agatha Convent. It was the oldest and richest monastery in the inner city. In the fifteenth century it was home to around 125 nuns. Since the dissolution in 1573, it has been put to many different uses. First it was the residence of the Prince, subsequently it was used among other things as Latin School, clothmakers' hall, Chamber of Charity (for handing out alms) and barracks. In 1887, a section was

werd het gehele complex in gebruik genomen als stedelijk museum. De sfeervol gepresenteerde verzameling getuigt van het rijke verleden van Delft, met een terechte nadruk op de kunst en cultuur uit de Gouden Eeuw. Delft was toen een schatrijke stad, die tal van beroemde kunstenaars huisvestte. Het bekendst zijn de schilders, zoals Johannes Vermeer, Pieter de Hooch, Michiel van Mierevelt en vele anderen. Maar ook de tapijtwever François Spiering en de zilversmeden uit de familie De Grebber droegen bij aan de faam van Delft als stad waar de kunsten bloeiden. De zuidvleugel van het voormalige Sint-Agathaklooster huisvest museum Nusantara, gewijd aan de geschiedenis en de culturen van Indonesië. Andere boeiende musea in Delft zijn Lambert van Meerten aan de Oude Delft, met een prachtige collectie kunstnijverheid, en Paul Tetar van Elven aan de Koornmarkt, waar je je op bezoek waant in het huis van een negentiende-eeuwse schilder.

Het gave stratenplan met zijn romantische grachten en bruggen, meer dan vijftienhonderd officiële monumentenpanden, de historische kerken en musea en het moderne Vermeercentrum maken Delft tot een aantrekkelijke bestemming voor toeristen. Uit alle delen van de wereld komen ze hierheen voor een stadswandeling en een bezoek aan de vele attracties. Het hele jaar door zie je ze in grote en kleine groepen ronddwalen, genietend van wat wel de meest typische Hollandse stad wordt genoemd •

fitted out as a museum for national history and in 1948 the whole complex was taken into use as municipal museum. The collection presented in an appealing way bears witness to the rich past of Delft, with a pertinent emphasis on the art and culture of the Golden Age. Delft was then an enormously wealthy city, the home to many celebrated artists. The best known are the painters, such as Johannes Vermeer, Pieter de Hooch, Michiel van Mierevelt and many others. But also the tapestry weaver François Spiering and the silversmiths from the De Grebber family contributed to the fame of Delft as the city where the arts flourished. The south wing of the former St Agatha Convent houses the Nusantara Museum, dedicated to the history and cultures of Indonesia. Other fascinating museums in Delft are Lambert van Meerten on the Oude Delft, with a magnificent collection of arts and crafts, and Paul Tetar van Elven on the Koornmarkt, where you imagine you are visiting the home of a nineteenth-century painter.

The perfect street plan with its romantic canals and bridges, more than five hundred official national trust buildings, the historic churches and museums and the modern Vermeer centre make Delft an attractive destination for tourists. They come here from all parts of the world for a city walk and to visit the many attractions. You see them strolling around in large and small groups at all times of the year, enjoying what may perhaps be called the most typically Dutch city in the country •

Stad van Oranje

In 1555 werd Filips II koning van Spanje en heer der Nederlanden. Hij was een fanatieke verdediger van de katholieke kerk. Die kerk had het moeilijk, want geleidelijk aan won het protestantisme aan invloed, ook in onze streken. Dat was een van de redenen dat de Nederlanden in 1568 openlijk in opstand kwamen tegen hun koning.

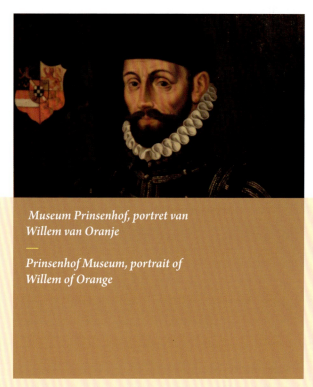

Museum Prinsenhof, portret van Willem van Oranje

Prinsenhof Museum, portrait of Willem of Orange

City of Orange

In 1555, Philip II became king of Spain and Lord of the Netherlands. He was a fanatical defender of the Catholic church. That church was in difficulties, for Protestantism was gradually gaining influence, even in our regions. That was one of the reasons that the Netherlands came out in open rebellion against their king in 1568.

Veiligheid eerst

De leider van de opstand was Willem van Nassau, prins van Oranje. Hij was een van de voornaamste edelen van de Nederlanden. Sinds 1559 was Oranje stadhouder van Holland en Zeeland, dus vertegenwoordiger van de koning in deze provincies. Toen in 1567 de spanning tussen de Nederlanden en Philips II opliep, vluchtte hij naar het buitenland. Daarvandaan probeerde hij met zijn legers de Spanjaarden uit de Nederlanden te verjagen, maar dat ging niet gemakkelijk. Pas in 1572 kreeg hij vaste voet in Holland. Toen rees de vraag waar hij zijn hoofdkwartier moest vestigen. Tot dan toe had de stadhouder altijd vertoefd in Den Haag, maar dat was een plaats zonder vestingwerken. In tijden van oorlog was dat dus geen veilige plek en moest er worden omgezien naar een andere mogelijkheid. De keuze viel op het nabijgelegen Delft. Dat was één van de belangrijkste steden van Holland, met een muur, een gracht en stadspoorten, dus goed verdedigbaar.

Residentie en hoofdkwartier

Willem van Oranje nam zijn intrek in het voormalige Sint-Agathaklooster. Dat kreeg nu de naam Prinsenhof. De vroegere nonnen mochten in de bijgebouwen blijven wonen. De hoofdgebouwen waren bestemd voor de Prins en zijn gezin en hun hofhouding. Ook diverse gewestelijke bestuursorganen, zoals de Staten van Holland, het gerechtshof en de rekenkamer, verhuisden met hun ambtenaren en hun archieven van Den Haag naar Delft. De stad werd opeens de bestuurlijke hoofd-

Safety first

The leader of the rebellion was Willem of Nassau, Prince of Orange. He was one of the most prominent noblemen of the Netherlands. Since 1559, Orange had been stadtholder of Holland and Zeeland, thus the representative of the king in these provinces. When, in 1567, the tension between the Netherlands and Philip II came to a head, he fled the country. From abroad, he attempted to drive the Spanish from the Netherlands with his armies, but that was far from easy. It was only in 1572 that he gained a firm footing in Holland. Then the question arose of where he should set up his headquarters. Until then, the stadtholder had always stayed in The Hague, but that was a place without fortifications. In times of war, it was not a safe place and so an alternative had to be found. The choice fell on nearby Delft. That was one of the most important cities of Holland, with a wall, a moat and city gates, and this meant it could be defended.

Residence and headquarters

Willem of Orange moved into the former St Agatha Convent. It was now given the name Prinsenhof [Prince Court]. The former nuns were allowed to live in the outhouses. The main buildings were set aside for the Prince and his family and their court. Various regional authorities, such as the States of Holland, the court of justice and the treasury moved with their civil servants and archives from The Hague to Delft. The city was suddenly the governmental capital of the Nether-

stad van de Nederlanden, maar ook militair hoofdkwartier en residentie van de Prins. Behalve de eigen bevolking van zo'n vijftienduizend zielen herbergde Delft nu binnen zijn muren ook nog eens talloze vluchtelingen van het omliggende platteland, ambtenaren uit Den Haag, een militair garnizoen en de hofhouding van de Prins. We kunnen ons moeilijk een voorstelling maken van de drukte en de chaos die dat met zich meebracht. Al die mensen moesten ergens wonen of logeren. Ze moesten eten en drinken, en dat terwijl de aanvoerroutes vaak waren afgesneden door oorlogsgeweld. En ze moesten het met elkaar eens zien te blijven, hoewel ze uit alle hoeken van Europa kwamen en elkaar soms niet eens konden verstaan. Veel van de militairen die hier gelegerd waren, spraken Duits, en de voertaal aan het hof was Frans.

Moord in het Prinsenhof

Op 10 juli 1584 werd Willem van Oranje in het Prinsenhof doodgeschoten door Balthasar Gerards. In de muur van een trappenhuis zijn nog altijd de kogelgaten te zien. Dit stukje van het Prinsenhof heet dan ook de moordhal. Normaal gesproken zou de Prins begraven worden in het familiegraf van de Nassau's, dat zich bevond in de Onze Lieve Vrouwekerk in Breda. Maar deze stad was bezet door de Spanjaarden, dus

Museum Prinsenhof, kogelgaten op de plaats van de moord

—

Prinsenhof Museum, bullet holes where the murder took place

lands, but also the military headquarters and residence of the Prince. Delft now had its own population of around five thousand people, plus countless refugees from the surrounding rural area, civil servants from The Hague, a military garrison and the prince's court. It is difficult to imagine how busy it must have been and the chaos this caused. All those people had to live or lodge somewhere. They had to eat and drink, and that at a time when the supply routes were often cut off by the violence of war. And they somehow had to find a way to agree with each other, even though they came from all corners of Europe and sometimes couldn't even understand each other. Many of the soldiers garrisoned here spoke German and the main language used in the court was French.

Murder in the Prinsenhof

On 10 July 1584, Willem of Orange was shot dead in the Prinsenhof by Balthasar Gerards. The bullet holes can still be seen in the wall of a stairway. This piece of the Prinsenhof is known as the murder hall. Normally speaking, the Prince would have been buried in the family grave of the Nassaus which is located in the church of Our Lady in Breda. But this city was occupied by the Spanish, so the body could not be taken

hij kon niet daarheen worden vervoerd. Daarom werd hij begraven in Delft, in de Nieuwe Kerk, min of meer noodgedwongen dus.
De leiding van de opstand kwam nu in handen van Willems zoon Maurits. Omdat de situatie in Holland inmiddels een stuk veiliger was geworden, kon hij wel in Den Haag gaan wonen. Maar toen hij in 1625 overleed, was een begrafenis in Breda weer niet mogelijk, want die stad was opnieuw in handen van de Spanjaarden. Daarom werd Maurits begraven bij zijn vader in de Nieuwe Kerk van Delft.

Van toeval tot traditie
De nieuwe stadhouder was Frederik Hendrik, ook een zoon van Willem van Oranje, maar uit een ander huwelijk dan Maurits. Hij was in 1584 geboren in het Prinsenhof en gedoopt in de Nieuwe Kerk. Hij was dus een echte Delftenaar. Frederik Hendrik had een mateloos respect voor zijn vermoorde vader. Hij woonde in Rijswijk in het huis ter Nieuwburg. De tuin was zo aangelegd, dat hij tussen de bomen door de toren van de Nieuwe Kerk kon zien, waar zijn vader begraven was. Toen Frederik Hendrik overleed in 1647, lag het dan ook voor de hand dat hij werd bijgezet in de Nieuwe Kerk. Hij was de eerste stadhouder uit het huis van Oranje die er zelf voor koos in Delft te worden begraven. Wat begon door toevallige omstandigheden, werd een bewust instandgehouden traditie die tot op heden voortduurt •

there. This is why he is buried in Delft, in the Nieuwe Kerk, more or less because there was no alternative. The leadership of the rebellion now passed to Willem's son, Maurits. Because the situation in Holland had now become quite a lot safer, he was able to live in The Hague. But when he died in 1625, a funeral in Breda was again not possible, for the city had again fallen into the hands of the Spanish. And so Maurits was buried next to his father in the Nieuwe Kerk in Delft.

From coincidence to tradition
The new stadholder was Frederik Hendrik, also a son of Willem of Orange, but from a different marriage than Maurits. He was born in 1584 in the Prinsenhof and christened in the Nieuwe Kerk. He was thus a real native from of Delft. Frederick Hendrik had boundless respect for his murdered father. He lived in Rijswijk in the 'ter Nieuwburg' house. The garden had been so designed that he could see the tower of the Nieuwe Kerk where his father was buried through the trees. When Frederik Hendrik died in 1647, it seemed the obvious thing to do to bury him in the Nieuwe Kerk. He was the first stadtholder from the house of Orange who actually chose to be buried in Delft. What began as accidental circumstances became an intentionally honoured tradition that continues until today •

Legermuseum, voorheen Armamentarium (wapenmagazijn) | *Army museum, formerly Armamentarium (armoury)*

Markt met stadhuis en standbeeld van Hugo de Groot | Market with city hall and statue of Hugo de Groot

Huwelijk in de trouwzaal van het stadhuis | *Wedding in the marriage room in the city hall*

Zalen in Museum Prinsenhof

—

Rooms in Prinsenhof Museum

Museum Prinsenhof, portret van Willem van Oranje

—

Prinsenhof Museum, portrait of Willem of Orange

Poortje naar Sint Agathaplein

—

Gate to Sint Agathaplein

Sint Agathaplein

Oude Delft

Daken rond de Markt, gezien vanaf de Nieuwe Kerk | Roofs around the Markt, viewed from the Nieuwe Kerk

Museum Prinsenhof, gezien vanaf de Oude Kerk | *Prinsenhof Museum, viewed from the Oude Kerk*

Binnenstad met Den Haag in de verte, vanaf het gebouw van Elektrotechniek

—

Inner city with The Hague in the distance, viewed from the Electrical Engineering building

Nieuwe Kerk, ingang van de koninklijke grafkelder

Nieuwe Kerk, entrance to the royal crypt

Nieuwe Kerk, praalgraf voor Willem van Oranje

Nieuwe Kerk, mausoleum for Willem of Orange

Opengeslagen Bijbel

Opened Bible

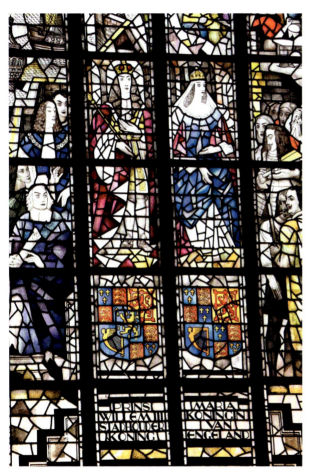

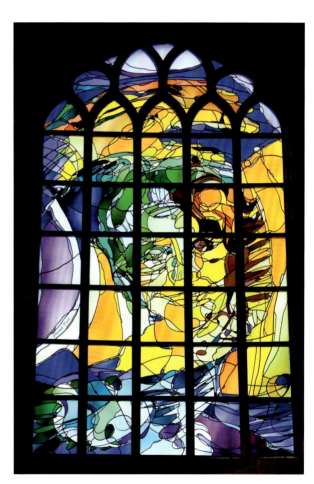

Nieuwe Kerk, raam Willem III en Mary
(Willem van Konijnenburg, 1933)

—

Nieuwe Kerk. window to Willem III and Mary
(Willem van Konijnenburg, 1933)

Dochtertje van Jaïrus (Annemiek Punt, 2006)

—

Dochtertje van Jaïrus [Daughter of Jairus] (Annemiek Punt, 2006)

Maria van Jessekerk, vanaf de Nieuwe Kerk

—

Maria van Jessekerk, viewed from the Nieuwe Kerk

Interieur

—

Interior

Kansel

Pulpit

Oude Kerk, gezien vanaf de Nieuwe Kerk

—

Oude Kerk, viewed from the Nieuwe Kerk

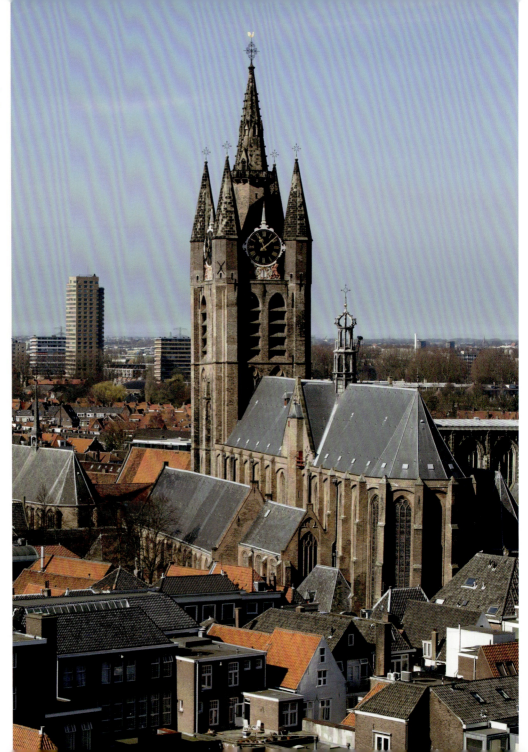

Oude Kerk, interieur

Oude Kerk, interior

Oude Kerk, Trinitasklok of Bourdon, de grootste historische klok van Nederland

—

Oude Kerk, Trinitas bell or Bourdon, the largest historical bell in the Netherlands

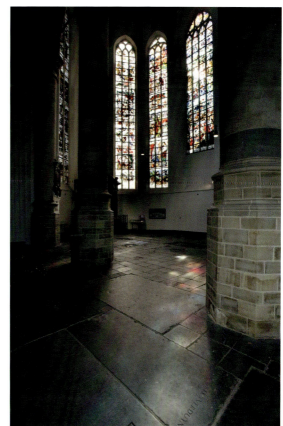

Oude Kerk, graftombe Maarten Harpertsz Tromp en glas-in-loodramen

—

Oude Kerk, tomb of Maarten Harpertsz Tromp and stained-glass windows

*Museum
Paul Tetar van Elven*

—

*Paul Tetar van Elven
Museum*

Museum Nusantara

Nusantara Museum

Vrouwjuttenland en Verwersdijk, gezien vanaf de Nieuwe Kerk

Vrouwjuttenland and Verwersdijk, viewed from the Nieuwe Kerk

Groeiende stad
– Grensgeschillen

Growing city
– Border disputes

Delft wordt vaak beschouwd als een typisch Hollandse stad, met zijn grachten en bruggetjes en fraaie historische monumenten. Dat beeld gaat helemaal op voor de oude binnenstad, maar die beslaat tegenwoordig slechts ongeveer een tiende van het bebouwde oppervlak van de gemeente Delft. Tot het midden van de negentiende eeuw kon de bevolking worden gehuisvest binnen de middeleeuwse stadswallen. Hier woonden maximaal vijfentwintigduizend mensen, een aantal dat omstreeks 1680 werd bereikt. Dat was voor Delft het einde van de Gouden Eeuw en binnen honderd jaar kromp de bevolking tot ongeveer vijftienduizend zielen. Pas in de tweede helft van de negentiende eeuw was het inwonertal weer zodanig gegroeid, dat

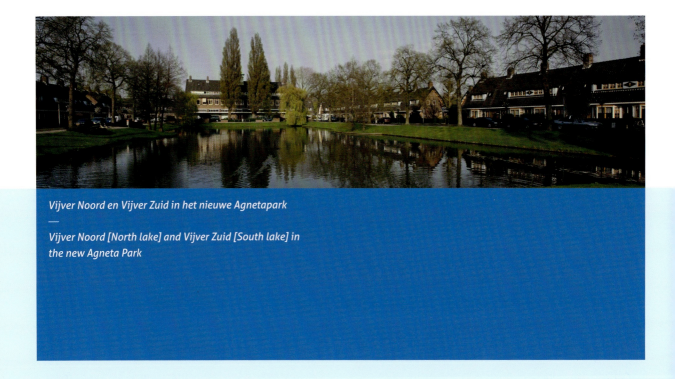

Vijver Noord en Vijver Zuid in het nieuwe Agnetapark
—
Vijver Noord [North lake] and Vijver Zuid [South lake] in the new Agneta Park

Delft is often considered a typical Dutch city, with its canals and bridges and beautiful historic monuments. That image is certainly true of the old inner city, but nowadays that only covers around a tenth of the built-up surface area of the municipality of Delft. Until the middle of the nineteenth century, the population could all be housed within the medieval city walls. A maximum of twenty-five thousand people lived here, a total that was reached around 1680. That was the end of the Golden Age for Delft and within a hundred years the population shrank to around fifteen thousand. It wasn't until the second half of the nineteenth century that the number of residents had grown to such a degree that new neighbourhoods had to be built outside the

er nieuwe wijken moesten worden gebouwd buiten de in onbruik geraakte wallen. In 1878 ontwierp gemeentearchitect C.J. de Bruijn Kops het Westerkwartier, met rechte straten en kleine huizen, vooral bestemd voor de huisvesting van arbeiders. Het volmaakte tegendeel was het Agnetapark, enkele jaren later aangelegd voor de werknemers van de Nederlandsche Gist- en Spiritusfabriek. Hier stonden ruime huizen aan slingerende lanen in een parkachtige omgeving.

Platteland opgeslokt

Vrijwel tegen de stadswallen aan lagen nog in het begin van de twintigste eeuw de plattelandsgemeenten Vrijenban en Hof van Delft. Deze werden in 1921 opgeheven en deels bij Delft gevoegd, waarmee de stad ruimte kreeg om verder uit te breiden. Dat was hard nodig, want behalve de vele industrieën hadden ook de Technische Hogeschool (nu TU) en andere instellingen behoefte aan huisvesting voor hun werknemers. Ten noordwesten van de binnenstad, aan de overzijde van de in 1847 geopende spoorlijn, verrees een nieuwe wijk in de Voordijkshoornse polder. In het zuidoosten werd de Wippolder bebouwd met woningen en een grote concentratie aan gebouwen van de TH.

Na de Tweede Wereldoorlog groeide de bevolking in hoog tempo door en was er ernstige woningnood. De Delftse stedenbouwkundigen S.J. van Embden en J.H. Froger maakten ambitieuze uitbreidingsplannen. Ten oosten van de binnenstad werd de Bomenwijk gebouwd en in het westen de Kuyperwijk. Maar om ver-

---

walls that had fallen into disuse. In 1878, the municipal architect C.J. de Bruijn Kops designed the Westerkwartier, with straight streets and small houses, mainly intended as housing for labourers. The perfect antithesis was the Agneta Park, built several years later for the employees of the Dutch Yeast and Spirits Factory. Here, large houses were built along winding roads in a park-like environment.

Rural area gobbled up

Right until the start of the twentieth century, the rural municipalities Vrijenbaan and Hof van Delft lay virtually adjacent to the city walls. These municipalities were abolished in 1921 and partly integrated with Delft, which gave the city room to expand further. That was urgently necessary, because not only the many industries but also the Technical High School (now TU) and other institutes required housing for their employees. To the north west of the inner city, on the other side of the railway line that was opened in 1847, a new neighbourhood took shape in the Voordijkshoorn polder. In the south east, the Wip Polder was built with dwellings and a large concentration of buildings for the TH.

After the Second World War, the population grew rapidly and there was a serious housing need. The Delft urban developers S.J. van Embden and J.H. Froger produced ambitious expansion plans. The Bomenwijk [Tree District] was built to the east of the inner city and the Kuyperwijk [Kuyper District] to the west. But

der te kunnen groeien, was een nieuwe grenscorrectie nodig. In 1960 werd een deel van het grondgebied van Schipluiden overgenomen door Delft om ruimte te scheppen voor de de wijk Voorhof. Deze werd ontworpen volgens de principes van de functionele stad. Hierin waren wonen, werken en recreatie strikt gescheiden en was veel ruimte gereserveerd voor het steeds drukker wordende autoverkeer. De stijl van de woningen werd ondergeschikt gemaakt aan hun functie. Het letterlijke hoogtepunt van deze opvatting was Poptahof, dat lange tijd bekend stond als de dichtstbevolkte vierkante kilometer van Nederland. Op de ongebreidelde hoogbouw kwam veel kritiek en in latere wijken werd dan ook gezorgd voor meer menging met laagbouw. Dat is al enigszins te zien in Buitenhof, maar

Hoogbouw in Voorhof,
gezien vanaf Elektrotechniek
—
High-rise buildings in Voorhof,
seen from the Electrical
Engineering building

if further growth was to be possible, a new boundary adjustment was needed. In 1960, part of the territory of Schipluiden was taken over by Delft in order to create the Voorhof district. This was designed according to the principles of the functional city. Here, living, working and recreation were strictly separated and a lot of space was reserved for the growing traffic. The style of the houses was less important than their function. The literal highpoint of this idea was Poptahof, which was long famous as the most densely populated square kilometre in the Netherlands. Much criticism was levelled at the unrestrained high-rise building and in later districts attention was given to combining these more with low-rise building. That can to some extent be seen in Buitenhof, but especially in Tanthof,

vooral in Tanthof, waar voornamelijk eengezinswoningen staan in knusse hofjes rond woonerven.

Spoortunnel

Latere uitbreidingen waren noodgedwongen veel kleinschaliger, omdat Delft weinig ongebruikte ruimte meer over had. Zo kon recent alleen dankzij grondruil met Schipluiden woningbouw worden gepleegd langs de grens met Den Hoorn. Daarnaast wordt op verschillende plaatsen in en nabij de binnenstad oude bebouwing vervangen door moderne complexen. Denk maar aan Zuidpoort, waar een theater, een bioscoop, winkels en woningen verrezen. Hier geen functiescheiding, zoals in Voorhof, maar juist vermenging om projecten rendabel te maken en de leefbaarheid te vergroten.

Hetzelfde gebeurt in de Spoorzone. De Stationsbuurt moest wijken voor een nieuw ondergronds station met een stadskantoor en woningen erboven. Het ontwerp is zeer Delfts: architectenbureau Mecanoo heeft in zijn plannen veel blauw en wit verwerkt. Op de plaats van het spoorwegviaduct komt een spoortunnel met parkeervoorzieningen en een gracht erboven. De scheiding tussen de binnenstad en de westelijk daarvan gelegen wijken wordt na meer dan een eeuw eindelijk ongedaan gemaakt ●

where primarily family homes have been erected in cosy courtyards around residential zones.

Railway tunnel

Later expansions were necessarily smaller in scale, because Delft did not have much unused space over. Recently, new houses were only possible along the boundary with Den Hoorn thanks to a land exchange with Schipluiden. In addition, at various locations in and near the inner city, old buildings were replaced with modern complexes. The Zuidpoort, for example, where a theatre, cinema, shops and houses have been built. Here there is no separation of functions, as in the Voorhof, but an intentional mixing in order to make projects profitable and to increase the quality of life. The same also happened in the Spoorzone. The Stationsbuurt [Station Neighbourhood] had to make room for a new underground station with a city hall and houses above it. The design is typical for Delft: Mecanoo, the architectural office, has included a lot of blue and white in its plans. The railway viaduct will be replaced by a railway tunnel with parking facilities and a canal above it. The separation of the inner city from the neighbourhoods located to the west of it will be removed after more than a century ●

Grensgeschillen

Het grondgebied van de stad Delft besloeg tot ver na de Middeleeuwen niet veel meer dan de huidige binnenstad plus enkele stroken land aan weerszijden van Buitenwatersloot, Vliet en Schie. Rond Delft lag een groot aantal zogenaamde ambachten, agrarische plattelandsgemeenschappen. De grootste ambachten waren Vrijenban en Hof van Delft. De zeer verspreid wonende bevolking, voornamelijk bestaande uit boeren en tuinders, was volledig op de stad georiënteerd. Ze deden er hun inkopen, brachten er hun agrarische producten op de markt en gingen er ter kerke.

Ambachten te koop

Een flink deel van de grond in die ambachten was eigendom van Delftse particulieren of instellingen als

Border disputes

The territory of the city of Delft was, until long after the Middle Ages, nothing more than the current inner city plus several strips of land on either side of the Buitenwatersloot, the Vliet and the Schie. Around Delft, there were a large number of so-called shires, agrarian rural communities. The largest shires were Vrijenban and Hof van Delft. The widely dispersed population, mainly consisting of farmers and market gardeners, was completely focused on the city. They bought their supplies there, sold their agrarian products on the market and went to church there.

Shires for sale

A large part of the land in the shires was the property of Delft citizens or institutions such as the churches, the

de kerken, het gasthuis of het weeshuis. In bestuurlijke en juridische zin waren zij eigendom van de Hollandse grafelijkheid. In 1724 kocht Catharina Margaretha Beck, woonachtig op de buitenplaats Sion, de ambachten Vrijenban en Hof van Delft van de Rekenkamer. In 1738 verkocht haar weduwnaar Gijsbert van Hogendorp ze aan de stad Delft. Het stadsbestuur verwierf daarmee het benoemingsrecht van een aantal bestuurlijke en ambtelijke functionarissen. Langs die weg kreeg Delft een vinger in de pap ten aanzien van bestuur en rechtspraak in de ambachten. Bovendien leverde de verpachting van aan de heerlijkheid verbonden rechten en goederen inkomsten op.

In de Franse tijd, om precies te zijn in 1795, werden de ambachten zelfstandige bestuurlijke eenheden. Aanvankelijk werden zij municipaliteit genoemd, later gemeente. Een groot probleem was de onduidelijkheid over de grenzen. Vrijenban en Hof van Delft waren deels met elkaar verweven, zodat er tal van enclaves waren. En bovendien lagen ertussendoor nog allerlei kleine gemeenten als Ruiven, Abtsrecht, Sint-Maartensrecht, Biesland en Ackersdijk en Vrouwenrecht. Door grondruil en samenvoegingen in de eerste helft

Gemeenlandshuis van Delfland, wapen van de voormalige gemeente Hof van Delft

Gemeenlandshuis of Delfland, coat of arms of the former municipality Hof van Delft

hospice or the orphanage. In a governmental and legal sense they were the property of the Holland earldom. In 1724, Catharina Margaretha Beck, living in the Sion estate, purchased the Vrijenban and Hof van Delft shires from the Treasury. In 1738, her widower Gijsbert van Hogendorp sold them to the city of Delft. The city council thus acquired the right to appoint a number of governmental and civil servants. In this way, Delft was able to gain influence over the government and judicial system in the shires. What's more, leasing out the rights and goods connected to the shires provided income.

In the French period, in 1795 to be exact, the shires were independent governmental units.
A major problem was lack of clarity about the boundaries. Vrijenban and Hof van Delft were partly intertwined with each other, so that there were many enclaves. And what's more, there were all sorts of small municipalities between them, such as Ruiven, Abtsrecht, Sint-Maartensrecht, Biesland en Ackersdijk and Vrouwenrecht. In the first half of the nineteenth century, land was exchanged and combined and this resulted in two large rural local authorities around

van de negentiende eeuw bleven uiteindelijk twee grote plattelandsgemeenten rond Delft over: Vrijenban ten oosten van de Schie, de stad en de Vliet, en Hof van Delft ten westen daarvan.

Wie wil Delfgauw?

In het begin van de twintigste eeuw werden er plannen gesmeed om de beide gemeenten op te heffen. De provincie stelde voor om Hof van Delft te verdelen tussen Schipluiden en Delft, en Vrijenban tussen Delft en Pijnacker. Op die manier kreeg Delft wat ruimte voor woningbouw, maar kwamen de grotendeels agrarische gebieden terecht bij de plattelandsgemeenten Schipluiden en Pijnacker. Delfgauw zou worden ingedeeld bij Pijnacker, maar daar had die gemeente helemaal geen trek in. Zij tekende in 1919 protest tegen de plannen aan bij de koningin. Meer grondgebied betekende namelijk hogere kosten voor onderhoud van wegen en kaden. Bovendien moest er voor Delfgauw een aparte veldwachter worden benoemd en diende er dringend een school te worden gebouwd. Dergelijke uitgaven gingen de draagkracht van de Pijnackerse gemeentekas te boven. Delft zou weliswaar een bijdrage in de kosten leveren, maar die werd niet groot genoeg geacht. Pijnacker stelde dan ook voor dat Delft al het Vrijenbanse grondgebied zou overnemen dat was gelegen ten westen van de Noordeindse- en de Zuideindseweg. Dan zou Delft mooi de kosten kunnen dragen voor de bouw van een school in Delfgauw. Zo'n oplossing zou ook aansluiten bij de wens van de bevolking, zo schreef Pijnacker:

Delft: Vrijeban to the east of the Schie, the city and the Vliet, and Hof van Delft to the west of it.

Who wants Delfgauw?

At the beginning of the twentieth century plans were devised to disband both municipalities. The province suggested dividing up Hof van Delft between Schipluiden and Delft and Vrijenban between Delft and Pijnacker. In this way, Delft gained some space for residential building, but the predominantly agricultural areas were allocated to the rural municipalities of Schipluiden and Pijnacker. Delfgauw was supposed to be allocated to Pijnacker, but the municipality didn't fancy that at all. They protested against the plans to the queen in 1919. More territory meant higher costs for maintenance of roads and quays. What's more, a separate constable would have to be appointed and there was urgent need for a school. Such expenditure was much more than the Pijnacker municipal budget could bear. Delft would, it is true, contribute to the costs, but this was not considered sufficient. Pijnacker therefore suggested that Delft should take over all the territory of the Vrijenban that was located to the west of the Noordeindseweg and the Zuideindseweg. In that case, Delft could foot the bill for the construction of a school in Delfgauw. Such a solution would also reflect the wishes of the population, and Pijnacker wrote: "For the residents of the Delfgauw hamlet, who already belong to the parish of Delft ecclesiastically, this will raise no objection, since the sympathy they have for Delft they

"Voor de bewoners van het gehucht Delfgauw, die toch reeds kerkelijk tot de gemeente Delft behooren, zal het geen bezwaar zijn, aangezien zij wel met Delft doch nimmer met deze gemeente medeleven". En bovendien: "Slaat men de uitbreiding van de stad Delft gade, dan is het nu reeds te zien, dat binnen enkele jaren tot aan de in het Ontwerp voorgestelde grens zal zijn gebouwd, en dat men dan over de grens zal gaan bouwen, waardoor men binnen Pijnacker komt te wonen en de voordeelen van Delft zal genieten".

De protesten hielpen echter niets, de plannen werden uitgevoerd, Hof van Delft en Vrijenban werden in 1921 opgeheven en Delfgauw werd bij Pijnacker ingedeeld. Aan het eind van de twintigste eeuw laaide de discussie weer op, maar inmiddels zijn de standpunten precies omgekeerd. Pijnacker blijkt gelijk te hebben gekregen: Delft is weer uit zijn jasje gegroeid en Delfgauw heeft zich ontwikkeld tot een dichtbevolkte Vinex-wijk. De inwoners zijn voor veel voorzieningen helemaal aangewezen op Delft, dat Delfgauw dan ook dolgraag zou willen inlijven om er gemeentelijke belastingen te kunnen heffen. Maar nu wil Pijnacker het natuurlijk niet meer kwijt. Wordt vervolgd?

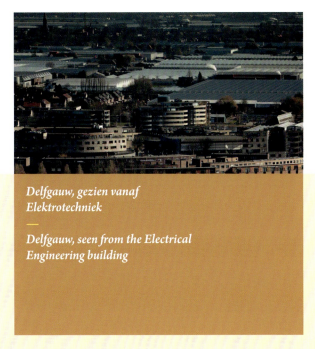

Delfgauw, gezien vanaf Elektrotechniek
—
Delfgauw, seen from the Electrical Engineering building

will never have for this municipality." And further: "If one observes the expansion of the city of Delft, then one can already see that building will have reached the boundary proposed in the Design within a few years, and that one will then start building over the boundary so that one may come to live in Pijnacker and enjoy the advantages of Delft."

The protests, however, did not help, the plans were carried out, Hof van Delft and Vrijenban were disbanded in 1921 and Delfgauw was allocated to Pijnacker. At the end of the twentieth century the discussion flared up again, but now the opinions were completely reversed: Pijnacker appears to have been proved right. Delft has again burst its borders and Delfgauw has developed into a densely-populated Vinex location. The residents are, for many provisions, completely dependent on Delft, which would like to annex Delfgauw in order to be able to raise local taxes. But now, of course, Pijnacker no longer wishes to give it up. The continuing story?

Binnenstad, gezien vanaf Elektrotechniek, Den Haag in de verte

City centre, seen from the Electrical Engineering building, The Hague in the distance

Laan van Overvest

Westerkwartier

Wippolder

Straat van Ormoes, zuidrand van Tanthof
—
Straat van Ormoes, southern edge of Tanthof

Straat van Ormoes, zuidrand van Tanthof | *Straat van Ormoes, southern edge of Tanthof*

Plein Delftzicht, gezien vanaf Scheepmakerij | *Plein Delftzicht, viewed from Scheepmakerij*

Van der Slootsingel, studentenflats | *Van der Slootsingel, student flats*

Tweemolentjesvaart

Zuidergracht

Zuidwal

Doelentuin | *Doelentuin [Doelen Garden]*

Schuttersveld, voormalige TU-bibliotheek | *Schuttersveld, former TU library*

Straat van Ormoes, zuidrand van Tanthof | *Straat van Ormoes, southern edge of Tanthof*

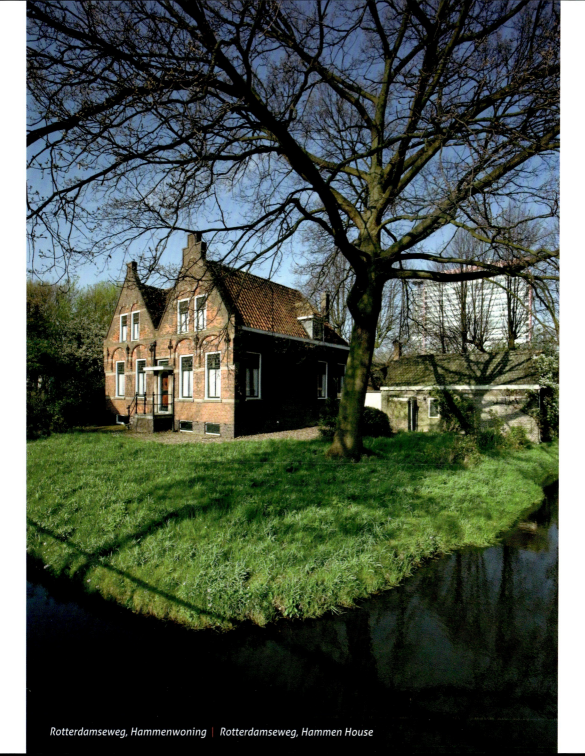

Rotterdamseweg, Hammenwoning | *Rotterdamseweg, Hammen House*

Ecodusbuurt | Ecodus Neighbourhood

Gebbenlaan

Hoornse Zoom, Molenbuurt | Hoornse Zoom, Molenbuurt [Mill Neighbourhood]

Theater De Veste | De Veste Theatre

Porceleyne Fles, schilderen van het Straatje van Vermeer

Porceleyne Fles, painting the Little Street of Vermeer

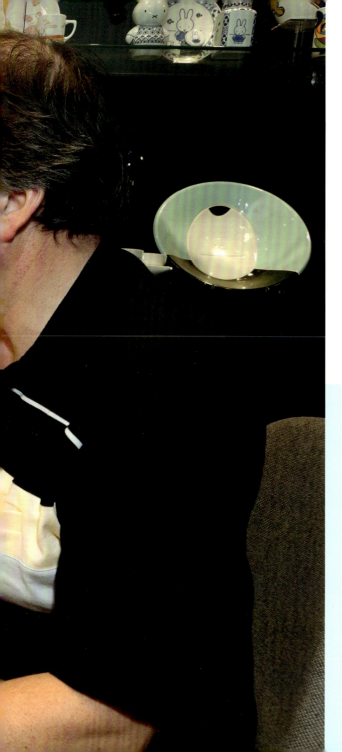

Industriestad
– *Een verlichte ondernemer*

Industrial city
– *An enlightened entrepreneur*

Je kunt je haast niet meer voorstellen dat Delft in het eerste kwart van de twintigste eeuw de vierde industriestad van Nederland was. Natuurlijk, er was altijd al industrie, maar dan op kleine schaal. In de late Middeleeuwen waren er ongeveer tweehonderd brouwerijen, vooral langs de Oude Delft, de Koornmarkt en de Voorstraat. Bij sommige panden is dat nog te zien aan de kelderluiken waardoor de vaten naar binnen en naar buiten werden gerold. Aan het einde van de zestiende eeuw kreeg de brouwnijverheid het moeilijk door toenemende concurrentie van andere steden en het wegvallen van de afzetgebieden in het Spaansgezinde zuiden. Maar er kwam een goed alternatief: in 1602 werd de Verenigde Oostindische Compagnie opgericht, en in Delft zetelde een van de zeven bestuurscolleges, 'Kamers' genoemd. Delft lag weliswaar niet aan zee, maar dankzij de Delfshavense Schie had het wel een goede verbinding met de Maasmond. In Delfshaven werden de Delftse VOC-schepen gebouwd en uitgerust. Als ze terugkeerden uit de Oost, werd de vracht er overgeladen in kleinere vaartuigen, die zorgden voor verder vervoer naar Delft, waar ze aanmeerden in de Kolk. Onder de handelswaar die uit het oosten werd aangevoerd was Chinees porselein, dat heel populair

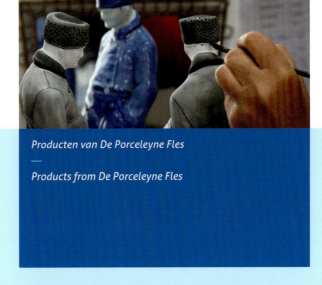

Producten van De Porceleyne Fles
—
Products from De Porceleyne Fles

had its head offices in Delft. Delft was not situated directly on the sea, but it did have a good link with the Maas delta thanks to the Delfshavense Schie. The Delft VOC ships were built and fitted out in Delfshaven. When they returned from the East, the freight was transshipped to smaller vessels, which provided the further transport to Delft, where they would moor in the Kolk. Among the goods that were imported from the East was Chinese porcelain that was extremely

It is difficult to imagine that Delft was, in the first quarter of the twentieth century, the fourth industrial city in the Netherlands. Naturally there was always industry, but on a small scale. In the late Middle Ages, there were around two hundred breweries, mainly along the Oude Delft, the Koornmarkt and the Voorstraat. The trapdoors to the cellars, through which the barrels were rolled in and out, can still be seen in some buildings. At the end of the sixteenth century, the brewing industry encountered difficulties from the increasing competition from other cities and the loss of markets in the Spanish-oriented south. But a good alternative appeared: in 1602, the United East Indies Company, referred to as the VOC, was founded and one of the seven governing bodies, known as 'Chambers',

maar ook bijzonder kostbaar was. Delftse plateelbakkers wisten een goedkoop en toch hoogwaardig alternatief te maken: blauw-wit aardewerk, dat bijna net zo'n succes werd als het porselein. Er ontstonden tientallen plateelbakkerijen, die direct en indirect aan duizenden mensen werk boden. Toen in de achttiende eeuw in diverse Europese landen porseleinaarde werd ontdekt, kon de plateelnijverheid de concurrentie niet meer aan, en alleen De Porceleyne Fles heeft het onafgebroken tot vandaag volgehouden.

Grootindustrieel
Bierbrouwerijen en plateelbakkerijen waren kleinschalige bedrijven die in de binnenstad konden worden uitgeoefend. Dat werd anders in de tweede helft van de negentiende eeuw, toen er buiten de wallen grote industriële complexen verrezen. Dat was voor een belangrijk deel het resultaat van de inspanningen van Jacques van Marken, de eerste scheikundig ingenieur die afstudeerde aan de Delftse Polytechnische School. Hij stichtte een viertal bedrijven die samen werden aangeduid als 'De Delftsche Nijverheid' en aan meer dan duizend mensen werk boden. Het begon in 1869 met de Nederlandsche Gist- en Spiritusfabriek, die zich aanvankelijk concentreerde op de productie van bakkersgist en andere voedingsingrediënten. Tegenwoordig maakt het als een hoogwaardig biochemisch bedrijf deel uit van multinational DSM. Er worden zeer geavanceerde antibiotica gemaakt en daarnaast legt men zich onder meer toe op onderzoek naar de

popular but also incredibly costly. Delft pottery makers were able to produce a cheap yet high quality alternative: blue-white earthenware, that became almost as successful as the porcelain. Dozens of potteries sprang up, which offered work, directly and indirectly, to thousands of people. In the eighteenth century, porcelain clay was discovered in various European countries and the potteries were no longer able to compete; only De Porceleyne Fles has been able to continue its operations without a break until the present day.

Captain of Industry
Breweries and potteries were small-scale companies that could be accommodated in the inner city. Things became different in the second half of the nineteenth century, when large industrial complexes rose up outside the walls. That was to an important degree the result of the efforts of Jacques van Marken, the first chemical engineer to graduate from the Delft Polytechnic School. He founded four companies that were together dubbed 'The Delft Industry' and provided work to more than a thousand people. It began in 1869 with the Dutch Yeast and Spirit Factory, which initially concentrated on the production of bakery yeast and other food ingredients. Today it is a high-quality biochemical company and part of the multinational DSM. It produces extremely advanced antibiotics and in addition researches, among other things, the usefulness of moulds, bacteria and enzymes for the production of bio-fuel. In 1883, Van Marken founded the Dutch Oil

bruikbaarheid van schimmels, bacteriën en enzymen voor de productie van biobrandstof. In 1883 richtte Van Marken de Nederlandsche Oliefabriek op, sinds de fusie met een branchegenoot uit Bordeaux in 1897 bekend als Calvé. Het bedrijf werd beroemd met de productie van slaolie, margarine, ketchup, sauzen en vooral pindakaas. Ook Calvé kwam in handen van een multinational, Unilever, die de productie in 2008 weghaalde uit Delft. Het derde bedrijf van Van Marken was de Lijmfabriek, gesticht in 1885 en gevestigd aan de Rotterdamseweg. Tot 2002 werd hier uit slachtafval beenderlijm en gelatine gemaakt, wat gepaard kon gaan met een geweldige stank. Het voormalige fabrieksterrein is nu in gebruik als evenementenlocatie Lijm en Cultuur. In 1892 stichtte Van Marken een eigen drukkerij, die meer dan een eeuw drukwerk en grafische ontwerpen verzorgde.

Van de bedrijven van Van Marken is nog wel het een en ander terug te vinden in het Delftse straatbeeld. Hoogtepunten zijn het voormalige hoofdkantoor aan de Wateringseweg en het Agnetapark, een tuindorp dat hij liet aanleggen voor werknemers van de Gistfabriek. Van Marken was een sociaal bewogen ondernemer, die voor zijn personeel behalve goede huisvesting ook een

Agnetapark, Jacques van Marken en Agneta Matthes

Agneta Park, Jacques van Marken and Agneta Matthes

Company; it merged with a similar company in Bordeaux in 1897 and subsequently was known as Calvé. The company became famous for the production of salad oil, margarine, ketchup, sauces, and especially peanut butter. Calvé was also acquired by a multinational, Unilever, which transferred the production away from Delft in 2008. The third Van Marken company was the Glue Factory, founded in 1885 and located on the Rotterdamseweg. Until 2002, bone lime and gelatine was produced here from slaughterhouse waste, which spread a malodorous stench. The former factory grounds are now in use as the Glue and Culture event centre. In 1892, Van Marken started his own printing works that produced printed material and graphic design for over a century.

The Van Marken companies left their traces in the Delft street image, and these can still be seen together. The highlights are the former head-office on the Wateringseweg and the Agneta Park, a garden city that he had created for employees of the Yeast Factory. Van Marken was a socially engaged entrepreneur who not only provided his employees with good housing but also started a hospital, a pension fund and other provisions for them. The park is named after his wife Agneta

ziekenfonds, een pensioenfonds en andere voorzieningen in het leven riep. Het park is genoemd naar zijn vrouw Agneta Matthes, die zelf een parfumeriefabriekje runde aan de Phoenixstraat, Maison Neuve.

Industrie verdwijnt

Van veel andere bedrijven die Delft groot maakten als industriestad, is nagenoeg elk spoor verdwenen. Langs de Vliet stond machinefabriek Reineveld, die onder meer stoompompen maakte voor de suikerindustrie in Cuba, Zuid-Amerika en Nederlands-Indië. Aan de zuidkant, tussen de Schie en de spoorlijn, stonden Braat (lood- en zinkwerken), Hillen (sigaren), Pletterij/Enthoven (onder andere bruggen en gasfabrieken) en de kabelfabriek NKF. En dan hadden we ook nog de glasfabriek van Van Deventer, Spoorijzer, de blikfabriek en De Porceleyne Fles. In 1927 werkte liefst zeventig procent van de Delftse beroepsbevolking in de industrie, maar omstreeks 1970 was dat geslonken tot veertig procent. Dat had onder meer te maken met de eenwording van Europa, waardoor het voor bedrijven gemakkelijker werd de productie te verplaatsen naar landen met lagere lonen. De gist- en de kabelfabriek zijn de enige twee grote industriële bedrijven die het tot op de dag van vandaag hebben volgehouden. Maar zij leggen het in leeftijd ver af tegen De Porceleyne Fles, die al meer dan drieënhalve eeuw een spraakmakend Delfts product levert ●

Matthes; she ran a perfume factory on the Phoenixstraat called Maison Neuve.

Industry disappears

Traces of the many other companies that contributed to making Delft such a successful industrial city have all virtually disappeared. The machinery factory Reineveld, which stood on the banks of the Vliet, made steam pumps for the sugar industry in Cuba, South America and the Netherlands Indies. On the southern side, between the Schie and the railway line, stood Braat (lead and zinc factory), Hillen (cigars), Pletterij/Enthoven (for bridges and gas factories among other things) and the cable factory NKF. And then we also had the glass factory of Van Deventer, Spoorijzer (rail steel), the tin factory and De Porceleyne Fles. In 1927, no less than seventy per cent of the Delft labour force worked in industry, but by 1970 that number had shrunk to just forty per cent. That was partly due to the unification of Europe, which made it easier for companies to relocate production in countries with lower wages. The yeast and the cable factory are the only two large industrial companies that have been able to survive until now. But in age they lose to De Porceleyne Fles, which has manufactured a high profile Delft product for more than three and a half centuries ●

Een verlichte ondernemer

Jacobus Cornelis van Marken (1845-1906) stichtte een aantal bedrijven die Delft groot zouden maken als industriestad. Behalve een slimme ondernemer was hij ook een sociaal voelend mens. Hij betaalde zijn arbeiders voor die tijd heel goed en liet hen zelfs delen in de

Jacques van Marken

An enlightened entrepreneur

Jacobus Cornelis van Marken (1845-1906) founded a number of companies that would turn Delft into an industrial city. He was not only a shrewd entrepreneur but also a socially-engaged man. For the time, he paid his employees well and even let them share in the

winst. Het personeel kreeg bovendien medezeggenschap: in 1878 richtte Van Marken de Kern op, de eerste ondernemingsraad van Nederland. Over zijn werk en ideeën publiceerde hij in De Fabrieksbode, het eerste bedrijfsblad. Ook op het gebied van sociale voorzieningen was hij zijn tijd ver vooruit. Hij stichtte een pensioenfonds en een ziekenfonds, waarbij al zijn personeel verplicht was aangesloten tegen een premie van 12 cent per week. Alle medische kosten, zoals artsenbezoek en ziekenhuisopname, werden door dit fonds vergoed. Verder konden zijn arbeiders deelnemen in een premiespaarkas en een levensverzekering. Na een dodelijk ongeval in de fabriek richtte Van Marken een weduwen- en wezenfonds op, zodat de nabestaanden niet onverzorgd achterbleven. Zijn medewerkers konden beschikken over faciliteiten op het gebied van scholing, cultuur, sport en ontspanning op een schaal die nooit eerder was gezien.

Agnetapark

De kroon op het sociale werk van Van Marken was een speciale woonwijk voor zijn personeel. Arbeiderswoningen waren in die tijd klein en ze stonden dicht op elkaar in overvolle volkswijken. Het Westerkwartier is daarvan een voorbeeld, met rechte straatjes en rijen kleine woonhuisjes. Van Marken vond dit een achterhaald concept en wilde het radicaal anders aanpakken, met voor die tijd ruime huizen, gelegen in een parkachtige omgeving. Hij liet de bekende landschapsarchitect L.D. Zocher een ontwerp maken en dacht zelf mee over

profits. The staff were also given participation rights: in 1878, Van Marken founded the Kern, the first works council in the Netherlands. He published articles about his ideas and work in De Fabrieksbode [The Factory Times], the first company magazine. He was also far ahead of his time in the area of social facilities. He started a pension fund and a health insurance for his staff; affiliation was mandatory and a premium was charged of 12 cent per week. All medical costs, such as doctors' visits and hospitalisation, were paid by this insurance. In addition, his employees could join a premium savings scheme and take out a life assurance. Following a fatal accident in the factory, Van Market set up a widow and orphans fund, so that the next of kin were not left uncared for. His employees could take advantage of facilities in the field of schooling, culture, sport and recreation on a scale that had never been seen before.

Agneta Park

The crown on Van Marken's social work was a special residential area for his staff. In those days, workers' houses were small and crowded together in overfull neighbourhoods. The Westerkwartier is an example of this, with straight streets and rows of tiny houses. Van Marken thought this was an antiquated concept and wanted to approach it in a radically different way, with houses that were spacious for the time, located in park-like surroundings. He had the famous landscape architect L.D. Zocher make a design and thought with him about the layout of the houses. In 1882, the first

de indeling van de huizen. In 1882 werd de eerste boom in het park geplant door de vrouw van Van Marken, Agneta Wilhelmina Johanna Matthes. Zij was vanaf het begin actief betrokken bij alle ondernemingen en vooral bij de sociale kanten van het personeelsbeleid. Van Marken had een grenzenloze bewondering voor zijn vrouw en het wekte dan ook geen verbazing dat hij de wijk doopte tot Agnetapark.

Villa Rust Roest

Wie nu denkt dat het personeel in de rij stond om een woning in het Agnetapark te bemachtigen, heeft het mis. De mensen bleken toch wel erg gehecht aan hun eigen huis, hoe klein ook, in de volksbuurten in de binnenstad of in het Westerkwartier. In het Agnetapark hadden zij het gevoel boven hun stand te wonen. Er waren namelijk niet alleen woningen voor de fabrieksarbeiders, maar ook voor het beter betaalde kantoorpersoneel. En zelfs directeur Van Marken vestigde zich in het Agnetapark, in de villa Rust Roest. Vooral dat zal voor veel arbeiders niet zo'n aanlokkelijk idee zijn geweest. De directeur kon als het ware van achter de gordijnen zien met wie zij omgingen en hoe laat zij uit de kroeg kwamen. Dan liever wonen in een volkswijk, waar de sociale controle afkomstig was van mensen uit hetzelfde milieu •

tree was planted in the park by Van Marken's wife, Agneta Wilhelmina Johanna Matthes. She was from the start actively involved in all the companies and in particular in the social aspects of the personnel policy. Van Marken had a boundless admiration for his wife and it therefore did not come as a surprised that he called the district the Agneta Park.

Villa Rust Roest [to rest is to rust]

Anybody who thinks that the staff lined up to get one of the houses in the Agneta Park is wrong. The people turned out to be extremely attached to their own homes, no matter how small, in the working-class district in the inner city or in the Westerkwartier. In the Agneta Park, they felt as if they were living above their station. There were, in fact, not only homes for factory workers, but also for the better-paid office staff. And even director Van Marken moved into the Agneta Park, in the villa Rust Roest. That in itself may not have been an attractive idea for many workers. The director could, as it were, keep track from behind the curtains of who was seeing who and how late they returned from the pub. Then it was better to live in a working-class district, where social control was done by people from the same background •

Wateringseweg, voormalig hoofdkantoor van de Gistfabriek

Wateringseweg, former headquarters of the Gistfabriek [Yeast Factory]

Wallerstraat en omgeving, het nieuwe Agnetapark

Wallerstraat and surroundings, the new Agneta Park

Prysmian, voorheen NKF | *Prysmian, formerly NKF*

Prysmian

Prysmian

DSM Gist | DSM Gist [Yeast]

DSM Gist

DSM Gist

De Porceleyne Fles

De Porceleyne Fles

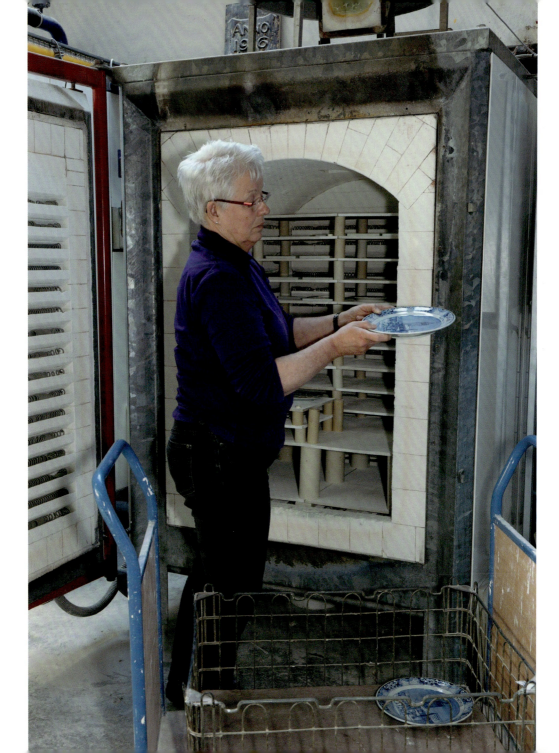

De Porceleyne Fles

Technische Universiteit, centrale bibliotheek | *Technical University, central library*

Universiteitsstad
– *Indonesië in Delft*

University city
– *Indonesia in Delft*

Campus Technische Universiteit
—
Campus of the Technical University

De maakindustrie is grotendeels uit Delft verdwenen, maar daar is gelukkig veel voor in de plaats gekomen. Niet voor niets profileert de stad zich tegenwoordig als bolwerk van kennis. Dat is natuurlijk voor een belangrijk deel te danken aan het feit dat Delft beschikt over een Technische Universiteit. De basis werd gelegd met de stichting van de Koninklijke Akademie in 1842. Dit instituut leidde burgerlijke ingenieurs op en ambtenaren voor Nederlands-Indië. In 1864 werd de KA omgezet in de Polytechnische School, die in 1905 werd verheven tot Technische Hogeschool, met 39 hoogleraren en ruim elfhonderd studenten. Door de Wet op het Hoger Onderwijs gaat de TH sinds 1986 door het leven als Technische Universiteit. Momenteel zijn er acht faculteiten met meer dan vierduizend medewerkers, onder wie vele honderden hoogleraren. Met spraakmakende projecten als de zonnewagen NUNA weten zij steeds weer het nieuws te halen. Volgens de reputatieranglijst van The Times is de Delftse universiteit de beste van Nederland en behoort zij tot de top vijf van de Europese opleidingen in de technologie.

Verspreid over de stad
Her en der in de binnenstad staan panden die ooit in gebruik zijn geweest bij de TU en haar voorgangers. De Koninklijke Akademie werd bij de stichting gevestigd aan de Oude Delft 95, in het pand dat tegenwoordig in gebruik is bij het UNESCO-IHE, het grootste opleidingsinstituut ter wereld op het gebied van water. Huis Portugal aan Oude Delft 75 huisvestte van 1917

Manufacturing has for the main part disappeared from Delft, but fortunately a lot has come in its place. It is not without reason that the city currently promotes itself as a bulwark of knowledge. Naturally, that is to a large degree due to the fact that Delft is the home of a Technical University. The basis was laid with the foundation of the Royal Academy in 1842. This institute trained civil engineers and civil servants for the Netherlands indies. In 1864, the RA was transformed into the Polytechnic School, which in 1905 was elevated to Technical High School, with 39 professors and more than eleven hundred students. Thanks to the Higher Education Bill, the TH has, since 1986, become known as Technical University. There are currently eight faculties with more than four thousand employees, including several hundred professors. Time and again they make the news with high profile projects such as the sun car NUNA. According to the reputation ranking in The Times, Delft university is the best in the Netherlands and is one of the top five European technology education institutes.

Spread throughout the city
Buildings that have at one time or another been used by the TU and its predecessors are dotted around the inner city. The Royal Academy was located by the foundation at 95 Oude Delft, in the building that is currently in use as the UNESCO-IHE, the largest training institute in the world in the field of water. House Portugal, at 75 Oude Delft, was the home between 1917 and 1970

tot 1970 de afdeling bouwkunde van de TH, aan het Schuttersveld staat het voormalige bibliotheekgebouw en de Sint-Hippolytuskapel op de hoek van Oude Delft en Nieuwstraat heeft van 1924 tot 1966 gediend als aula. In de loop der jaren werden steeds meer speciale gebouwen neergezet, geconcentreerd in de Wippolder. Zij vormen een staalkaart van de architectuurgeschiedenis van de twintigste eeuw. Er staan panden in een tamelijk traditionele stijl, zoals Geodesie aan de Kanaalweg en Bouwkunde, het voormalige hoofdgebouw aan de Julianalaan. Maar er zijn ook gebouwen verrezen die veel opzien baarden, vooral na de Tweede Wereldoorlog. Bekende architecten en stedenbouwkundigen waren toen betrokken bij de plannen. Zo stond het Bouwplanbureau van de TH onder leiding

of the TH's architecture department, the former library is located on the Schuttersveld and the St. Hippolytus Chapel on the corner of Oude Delft and Nieuwstraat served as auditorium from 1924 to 1966. In the course of the years, a growing number of special buildings were constructed, concentrated in the Wip Polder. They form a sample card of the history of twentieth century architecture. There are buildings in a fairly traditional style, such as Geodesie on Kanaalweg and Architecture, the former main building on Julianlaan. But buildings have also been built that have attracted considerable attention, particularly after the Second World War. Famous architects and urban developers were then involved in the plans. The Construction Planning Office of the TH was under the leadership of Cornelis van

Technische Universiteit, aula
—
Technical University, auditorium

van Cornelis van Eesteren en werd de beplanting ontworpen door Mien Ruys.

Spraakmakende nieuwbouw

Het gebouw dat het meeste stof deed opwaaien, is de aula, ontworpen door Van den Broek & Bakema in 1962. De schuin oplopende vloer van de grote zaal vormt een dak boven het voorplein. Het kolossale, grotendeels in beton uitgevoerde complex is wel vergeleken met een reuzenkikker of een buitenaards ruimteschip. Een ander gebouw van dezelfde architecten was Bouwkunde, dat in 2008 door brand werd verwoest. Achter de aula staat de bibliotheek uit 1997, ontworpen door Francine Houben. Uit een dak van gras rijst een glazen kegel op. De achterzijde wordt gevormd door een schuine glazen wand. Ook het interieur is een bezienswaardigheid, met een heel bijzondere lichtval en een enorme muur van boeken in de centrale hal.

Spin-off

In het kielzog van de Technische Universiteit en haar voorgangers ontstonden tal van andere instellingen op technisch gebied. Het bekendst is TNO, de Nederlandse Organisatie voor Toegepast Natuurwetenschappelijk Onderzoek. Het werd in 1932 gesticht in Delft, maar heeft inmiddels ook vestigingen in vele andere plaatsen. Nauw verbonden met TNO is het Nederlands Meetinstituut (NMi), vroeger bekend als het IJkwezen, dat standaarden beheert en keuringen uitvoert. En ook de bekende NEN-normen komen uit Delft, van het

Eesteren and the landscaping was designed by Mien Ruys.

High-profile housing development

The building that caused the greatest commotion is the auditorium, designed by Van den Broek & Bakema in 1962. The sloping floor of the main hall forms the roof over the forecourt. The enormous complex, mainly executed in concrete, has been compared to a giant frog or an extraterrestrial spaceship. Another building by the same architects was Architecture; it was destroyed by fire in 2008. The library dating from 1997 and designed by Francine Houben is located behind the auditorium. A glass cone rises from a grass roof. The rear is formed by a diagonal glass wall. The interior, too, is a place of interest, with a very special incidence of light and an enormous wall of books in the central hall.

Spin-off

Countless other institutes in the technical field arose in the wake of the Technical University and its predecessors. The best known is TNO, the Dutch Organisation for Applied Scientific Research. This was founded in 1932 in Delft, but now has branches in many other places. Closely associated with TNO is the Dutch Measurement Institute (NMi), previously known as Weights & Measures, which monitors standards and carries out inspections. And the famous NEN standards also come from Delft, from the institute with the same

gelijknamige instituut aan de Vlinderweg. Ook veel particuliere bedrijven zijn rechtstreeks of indirect voortgekomen uit de universiteit. Heel wat afgestudeerden beginnen een onderneming om de kennis die zij tijdens hun studie hebben opgedaan, zelf op de markt te kunnen brengen. Denk maar aan het grote aantal architectenbureaus dat in Delft is gevestigd, waaronder heel bekende als OD205 en Mecanoo. Of aan de stormbestendige paraplu Senz, die in korte tijd een hit werd.

Studentenkamer gezocht!

Delft telt zo'n vijftienduizend studenten op een inwonertal van een kleine honderdduizend. Dat levert veel levendigheid op straat op, maar het stelt ook nogal wat eisen op het gebied van huisvesting. Een eeuw geleden woonden de meeste studenten nog op kamers bij een hospita, maar met de groeiende aanwas bleek Delft al snel te klein om alle gegadigden op deze manier onderdak te bieden. De gemeente, woningbouwcorporaties en studentenverenigingen kochten of bouwden woningen voor studentenhuisvesting en er werd net als in andere steden een speciale stichting voor opgericht. De oudste nieuwgebouwde studentenhuizen van Nederland zijn de vier flats aan

Studenten op de Binnenwatersloot

Students on the Binnenwatersloot

name located on Vlinderweg. Many private companies are a spin-off, directly or indirectly, from the university. A lot of graduates start a business aimed at marketing the knowledge they acquired during their course. Just think of the large number of architects with offices in Delft, including famous ones such as OD205 and Mecanoo. Or the storm-resistant umbrella Senz, that became a hit in just a short time.

Student room wanted!

Delft has fifteen thousand students and just under one hundred thousand residents. That makes for a lively city, but also makes demands in the field of housing. A century ago, most students still lived in rooms with a landlady, but as the influx of students increased, Delft soon became too small to house all prospective inhabitants in that way. The municipality, housing corporations and student associations purchased or built housing for the students and, in common with other cities, a special foundation was set up. The oldest newly built student residences in the Netherlands are the four apartment blocks on the Oudraadtweg. But for many, nothing really beats the inner city. A number of the most attractive and largest canal houses have been used by students for decades. You recognise them im-

de Oudraadtweg. Maar voor velen gaat er natuurlijk niets boven de binnenstad. Een aantal van de mooiste en grootste grachtenpanden wordt al decennia lang bewoond door studenten. Je herkent ze meteen aan de rij bellen naast de deur en de vele fietsen voor de gevel. En 's zomers aan de oude bankstellen op straat waarin jongeren van het zonnetje genieten, al dan niet met een studieboek in de hand.

Studenten in de politiek

In de binnenstad zijn ook de sociëteiten gevestigd, waar kan worden vergaderd, gegeten, geborreld en gefeest. De oudste is Phoenix van het Delftsch Studentencorps, opgericht in 1847. Het huidige pand aan de Phoenixstraat werd in 1878 in gebruik genomen. De meeste sociëteiten staan aan de Oude Delft, zoals Confide van CSR (nr 9, de voormalige bioscoop Studio D), Alcuin van Sanctus Virgilius (nr 57, het voormalige Sint-Barbaraklooster, later Weeshuis), Sint-Jansbrug (nr 50-52) en Tyche van de Delftsche Studentenbond (nr 123). Studenten zijn niet alleen opvallend aanwezig in het Delftse straatbeeld, maar ook in het stadsbestuur. In 1994 deed de politieke partij STIP (Studenten Techniek in Politiek) voor het eerst mee aan de verkiezingen voor de gemeenteraad en zij behaalde meteen een zetel. In 1998 waren het er al twee en leverde STIP als coalitiepartij zelfs een wethouder. In 2010 werd de derde zetel binnengesleept, waarmee duidelijk is dat studenten ook op politiek gebied een niet weg te cijferen factor zijn in de Delftse samenleving •

mediately, thanks to the row of bells next to the front door and the many bicycles against the front façade. And in summer thanks to the old sofas on the pavement, where young people sit in the sun, sometimes with a study book in their lap (or not).

Students in politics

Many student clubs have facilities in the inner city, where people can hold meetings, have a meal, take a drink, or simply party. The oldest is Phoenix belonging to the Delft Student Corps, founded in 1847. The current building in the Phoenixstraat was first occupied in 1878. Most societies are on Oude Delft, such as Confide of CSR (no. 9, the former cinema Studio D), Alcuin of Sanctus Virgilius (no. 57, the former St. Barbara Convent, later Orphanage), St. Jansburg (nos. 50-52) and Tyche of the Delft Student Union (no. 123). Students are not only strikingly present in the Delft street picture, but also in the city government. In 1994, the political party STIP (Students of Technique in Politics) took part in the council elections for the first time, and immediately gained a seat. In 1998 that became two and STIP even supplied, as coalition partner, an alderman. In 2010, the third seat was won, which clearly demonstrates that students cannot be excluded from Delft society even in the area of politics •

Indonesië in Delft

In 1842 werd de Koninklijke Akademie gesticht, de voorloper van de Technische Universiteit Delft. Aan deze Akademie werd een aantal technische vakken gedoceerd in het kader van de opleiding tot ingenieur. Daarnaast werden hier ambtenaren opgeleid voor het bestuur van Nederlands-Indië, het huidige Indonesië. In 1864 vond een splitsing plaats en gingen de studies in de techniek verder als Polytechnische School. De regering wilde de rijksopleiding voor Indische ambtenaren verplaatsen naar Leiden, maar dat zinde de gemeente Delft absoluut niet. Het mogelijke vertrek van docenten en studenten werd gezien als een aderlating voor de stad. Er zat maar één ding op: zelf ook zo'n opleiding oprichten. En zo geschiedde: nog in hetzelfde jaar 1864 stichtte Delft de 'Instelling van Onderwijs in Taal-,

Indonesia in Delft

In 1842 the Royal Academy, the predecessor of the Technical University of Delft, was founded. At this Academy, lectures were given in a number of technical subjects as part of the training as engineer. In addition, civil servants were trained here for the administration of the Netherlands Indies, today's Indonesia. In 1864, a division took place and the technical studies continued as Polytechnic School. The government wanted to transfer the national education for Netherlands Indies civil servants to Leiden, but that didn't please Delft in the least. The possible departure of teachers and students was seen as a drain of the city's resources. There was only one solution: start such a course in Delft. And that's exactly what happened: in the very same year, 1864, Delft founded the 'Institute of Education,

Land- en Volkenkunde van Nederlandsch-Indië'. De opleiding werd in 1875 gevestigd aan de Oude Delft 69, waar in de geveltop nog altijd de woorden 'Indische Instelling' zijn te lezen.

De meeste toekomstige ambtenaren waren zelf nog nooit in Nederlands-Indië geweest. Om hen toch alvast een beeld te geven van wat zij konden verwachten, werd een verzameling kunst- en gebruiksvoorwerpen uit de koloniën aangelegd. Deze collectie heette de etnografische verzameling. Oud-studenten en docenten die in Indië waren gestationeerd, stuurden welwillend van alles op om het onderwijs aanschouwelijk te maken. Verder schonk de regering de Indische voorwerpen die zij in 1878, 1880 en 1883 naar grote koloniale tentoonstellingen had ingezonden.

Verzameling op drift
De steeds maar uitdijende verzameling werd voor een klein deel tentoongesteld in de collegezaal aan de Oude Delft 69. Later werden er enkele speciale expositiezalen

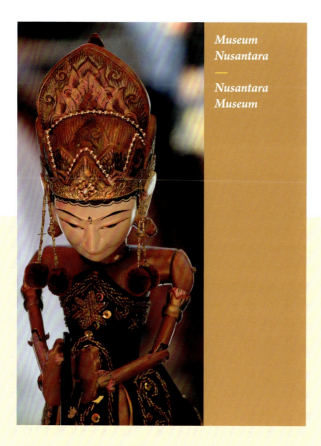

Museum Nusantara

—

Nusantara Museum

Language, Geography and Ethnology of Dutch Indies'. In 1875, the training was established at Oude Delft 69, where you can still read the word 'Indies Institute' in the gable.

Most future civil servants had never been to the Dutch Indies themselves. To give them some idea of what they could expect, a collection of art and artefacts from the colonies was set up. The collection was called the ethnographic collection. Former students and teachers who were stationed in the Indies, voluntarily sent home anything that would make the training more accessible. In addition, the government donated the Indian objects that they had submitted to the major colonial exhibitions in 1878, 1880 and 1883.

Collection adrift
A small part of the collection, that continued to grow, was exhibited in the lecture hall at 69 Oude Delft. Later, several special exhibition rooms were built. In 1900, the Indies Institute folded and the teachers and

bijgebouwd. In 1900 ging de Indische Instelling ter ziele en moesten docenten en studenten alsnog hun heil zoeken bij de rijksopleiding in Leiden. De complete bibliotheek werd verkocht aan een instituut in Berlijn. De etnografische verzameling bleef wel behouden voor Delft en werd opgeslagen in het Prinsenhof. Daar konden niet meer dan enkele topstukken worden tentoongesteld. Wegens restauraties van het museum en ruimtegebrek werd de verzameling nog enkele keren verhuisd naar andere plaatsen in de stad, waardoor heel wat voorwerpen beschadigd werden of zelfs verloren gingen.

Een eigen huis

Uiteindelijk kreeg de collectie in 1972 een eigen onderkomen aan het Sint Agathaplein. Sinds 1977 heet het museum Nusantara. Dat betekent letterlijk 'eilanden tussen de werelddelen'. Dankzij een forse rijksbijdrage kon de verzameling enkele jaren geleden helemaal worden gerestaureerd en gecatalogiseerd. Ook het gebouw is grondig opgeknapt, zodat deze bijzondere, exotische collectie eindelijk een passende behuizing heeft gekregen ●

studies had, after all, to seek solace at the national institute in Leiden. The complete library was sold to an institute in Berlin. The ethnographic collection was retained for Delft and was stored in the Prinsenhof. There only a few top pieces could be exhibited. Because of rebuilding activities in the museum and lack of space, the collection was moved to several other places in the city, which resulted in many objects being damaged or even lost completely.

A suitable home

Finally the collection was given its own accommodation in 1972 on the Sint Agathaplein. Since 1977, the museum has been called Nusantara. Which literally means 'islands between the continents'. Several years ago, thanks to a large subsidy from the government, the collection was completely restored and catalogued. The building was also completely renovated, so that this exceptional, exotic collection could finally be given a suitable home ●

Sint Agathaplein,
Museum Nusantara

—

Sint Agathaplein,
Nusantara Museum

Science Centre Delft

Science Centre Delft

Science Centre Delft

Science Centre Delft

Science Centre Delft

Studenten van Sanctus Virgilius | *Students of Sanctus Virgilius*

Elektrotechniek, studieclub | *Electrical Engineering, study club*

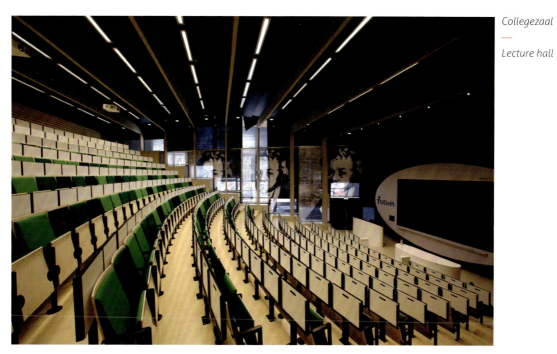

Collegezaal
Lecture hall

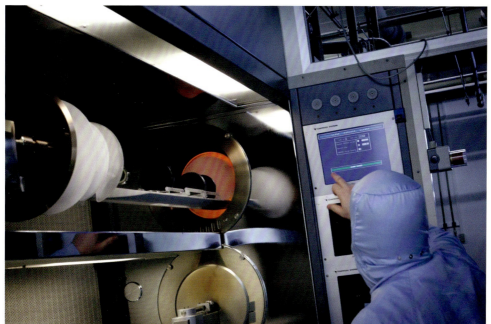

Clean room

Clean room

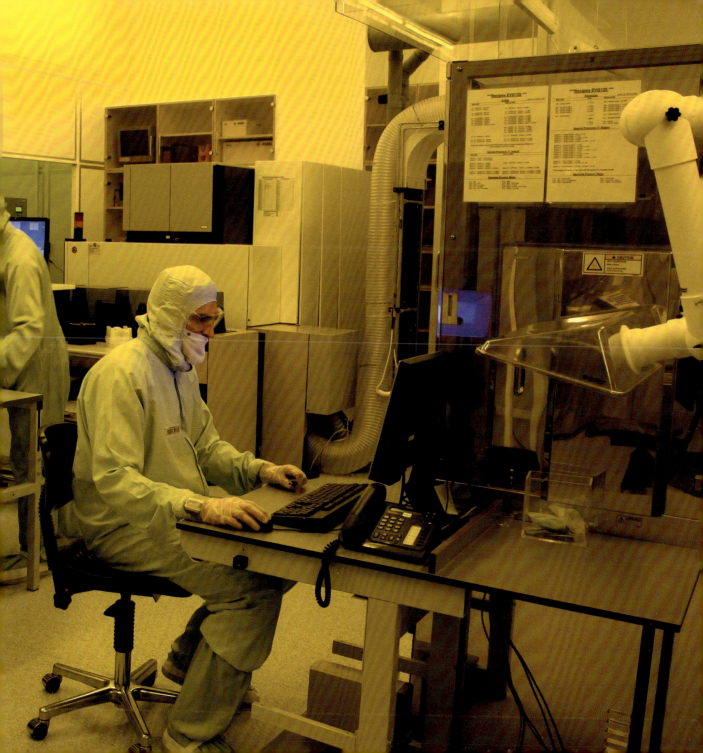

Reactor Instituut Delft

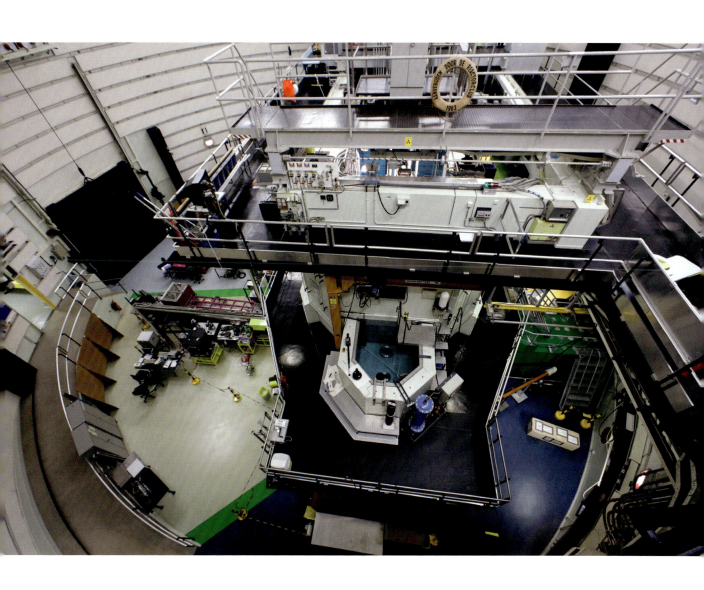

Reactor Instituut Delft

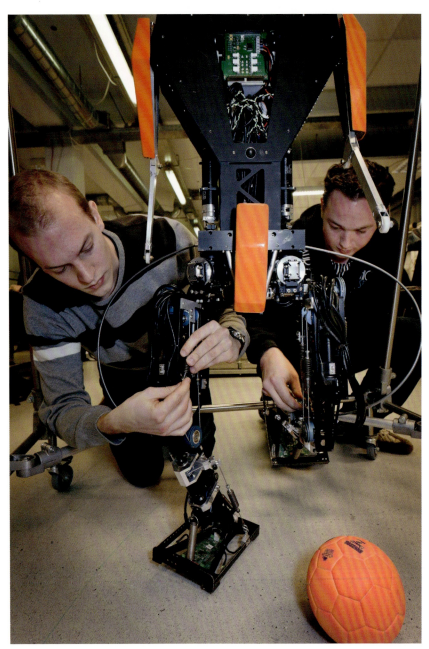

3ME, voetballende robot

—

3ME, robot playing football

Sleeptank

Towing tank

Lucht- en Ruimtevaart, vliegtuighal | Aerospace Engineering, aircraft hall

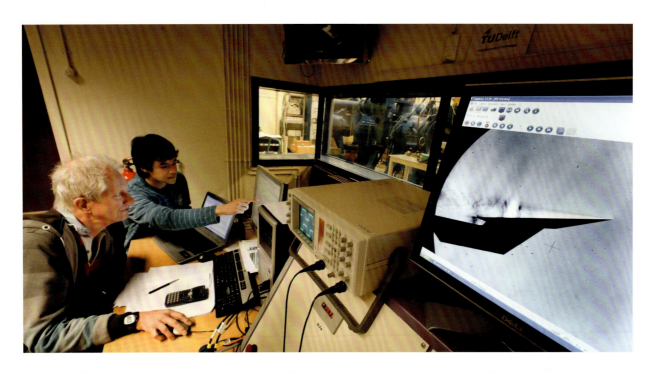

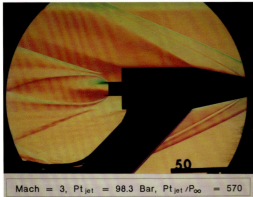

Mach = 3, Pt$_{jet}$ = 98.3 Bar, Pt$_{jet}$/P$_\infty$ = 570

Lucht- en Ruimtevaart, windtunnelproeven

—

Aerospace Engineering, wind tunnel tests

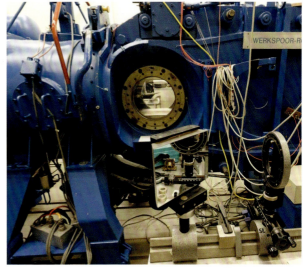

Laseropstelling | *Laser installation*

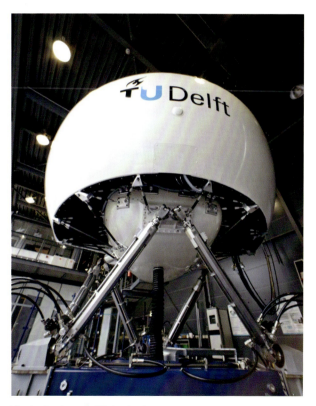

Vluchtsimulator | *Flight simulator*

Bouwkunde,
maquettehal

—

Architecture,
model hall

Maquette van het oude gebouw | Model of the old building

Maquettehal | Model hall

Bouwkunde, stoelencollectie

Architecture, chair collection

  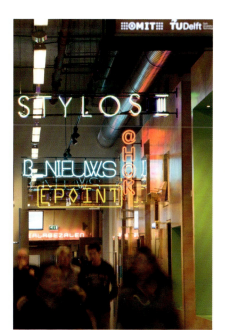

Bouwkunde | Architecture

Bouwkunde | Architecture

Centrale bibliotheek
—
Central library

Centrale bibliotheek | Central library

Centrale bibliotheek | Central library

Aula, afscheid van een hoogleraar | *Auditorium, farewell ceremony for a professor*

Toeristen in de Nieuwe Kerk | Tourists in the Nieuwe Kerk

Toeristenstad
– Hugo in het midden - of toch niet

Tourist city
– Hugo in the middle - or perhaps not

Toeristen op de Markt voor het stadhuis | Tourist on the Market, in front of the City Hall

Toerisme is een verschijnsel van alle tijden. Al in de Middeleeuwen kwamen mensen van heinde en verre naar Delft. Voor de jaarmarkten, de processies, de heiligenbeelden in de kerken waaraan wonderen werden toegeschreven, of gewoon om te zien hoe een – voor die tijd – grote stad eruit zag. De twee parochiekerken behoorden immers tot de grootste van Holland en de toren van de Nieuwe Kerk is na die van de Dom van Utrecht nog altijd de hoogste van Nederland. Genoeg dus om je aan te vergapen.

Beroemde herbergen

Tegenwoordig kun je op één dag heen en weer reizen tussen ver uiteen gelegen plaatsen, maar vroeger moest men vaak tussentijds overnachten. Er zijn daarom altijd veel herbergen en logementen geweest in Delft. Heel bekend in de zestiende eeuw waren bijvoorbeeld de Gulden Bosboom aan de Binnenwatersloot, de Gulden Wagen aan de Oude Langendijk of de Bonte Os aan de Voldersgracht (tegenover de Bonte Ossteeg). Toen Balthasar Gerards in 1584 in Delft arriveerde om Willem van Oranje te vermoorden, nam hij zijn intrek in logement de Diamant, op de hoek van de Choorstraat en de Papenstraat, nu bakkerij De Diamanten Ring. En de vader van Johannes Vermeer dreef herberg Huis Mechelen aan de zuidzijde van de Oudemanhuissteeg, tussen de Markt en de Voldersgracht. Wie 's avonds in Delft arriveerde, liep het risico dat de poorten al gesloten waren. Daarom stonden er ook net buiten de muren langs de invalswegen herbergen. Hier

Tourism is something of all ages. People visited Delft from near and far as long ago as the Middle Ages. For the annual markets, the processions, the statues of the saints in the churches to which miracles were ascribed, or simply to see what a big city - for its time - looked like. The two parish churches were among the largest in Holland and the tower of the Nieuwe Kerk is, after that of the Dom in Utrecht, still the tallest in the Netherlands. Enough to admire.

Famous inns

Today, you can travel to and from places located far from each other in just one day, but in earlier times, people often had to spend a night on the journey. For that reason, there have always been many inns and lodgings in Delft. In the sixteenth century the most famous were, for example, the Gulden Bosboom on the Binnenwatersloot, the Gulden Wagen on the Oude Langendijk or the Bonte Os on the Voldersgracht (opposite the Bonte Ossteeg). When Balthasar Gerards arrived in Delft in 1584 to murder Willem of Orange, he took up lodgings in the Diamant, on the corner of the Choorstraat and Papenstraat, now the bakery De Diamanten Ring. And the father of Johannes Vermeer ran the Huis Mechelen inn on the southern side of the Oudemanhuissteeg, between the Markt and the Voldersgracht. Anybody who arrived in Delft in the evening, ran the risk of finding the gates closed. That was why there were also inns just outside the city walls along the access roads. Here there was enough

was voldoende ruimte om paarden uit te spannen en koetsen te stallen. Voor degenen die geen geld hadden om in een herberg te verblijven, was er altijd nog de baaierd van het gasthuis aan de Koornmarkt. Daar werd gratis onderdak en eten verstrekt aan arme passanten, zwervers en bedelaars, maar hier wilde je als eerzaam burger natuurlijk liever niet gezien worden.

Moderne hotels

Het woord 'herberg' is nagenoeg geheel verdwenen uit onze taal. Logeren doe je tegenwoordig in hotels. Delft heeft enkele heel bijzondere, zoals De Plataan aan het Doelenplein, waar de themakamers elk in een andere stijl zijn ingericht en beschilderd. Of De Emauspoort aan het Vrouwenregt, waar je als Pipo de clown en

Mammaloe kunt overnachten in een woonwagen. Een aantal hotels van naam en faam is in de loop der jaren verdwenen, tot verdriet van veel Delftenaren. Bellevue op de hoek van de Oude Delft en de Zuidwal werd in 1971 gesloopt om ruimte te maken voor het toenemende verkeer. Hotel Wilhelmina aan het Noordeinde moest om dezelfde reden wijken in 1977. En in 2009 viel het doek voor hotel De Kok aan de Houttuinen, maar dit maakte een fraaie doorstart met de nieuwbouw van Hotel Delft Centre aan de Koepoortplaats. En

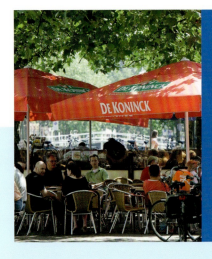

Brabantse Turfmarkt

room to unharness horses and to park coaches. For those who did not have enough money to stay in an inn, there was always the chaos of the guest house on the Koornmarkt. There free lodgings and food was given to poor passers-by, tramps and beggars, but naturally you would prefer as honest citizen not to be seen in such company.

Modern hotels

The word 'inn' has almost disappeared completely from our language. Nowadays you stay in a hotel. Delft has a number of very special ones, such as De Plataan on the Doelenplein, where each of the themed rooms has been decorated and painted in its own unique style. Or De Emauspoort on the Vrouwenregt, where

you can spend the night as Pipo the clown and Mammaloe in a caravan. A number of famed and famous hotels have disappeared as the years have passed, much to the sorrow of the people of Delft. Bellevue on the corner of Oude Delft and Zuidwal was demolished in 1971 to make room for the increasing amount of traffic. Hotel Wilhelmina on Noordeinde had to make way for the same reason in 1977. And in 2009, the curtain fell for Hotel De Kok on the Houttuinen, but this has made a wonderful restart with the newly built

gelukkig zijn er ook nog andere, soms heel gespecialiseerde hotels bijgekomen, zoals Delft IKEA, helemaal ingericht in de stijl van het Zweedse woonwarenhuis, of Delft China, dat zich richt op de Chinese zakenreiziger die Nederland aandoet.

Stad vol terrassen

Ook voor eten en drinken kon je in Delft altijd al uitstekend terecht. In de Middeleeuwen waren hier honderden brouwerijen, die niet alleen voor de lokale markt produceerden, maar vooral voor de export naar Brabant en Vlaanderen. Overigens werd er toen ook al wijn geïmporteerd, zoals blijkt uit de aloude straatnaam Wijnhaven. Drank kon worden genuttigd in de vele herbergen in de binnenstad of in de uitspanningen net buiten de poorten. Heel bekend waren in de negentiende eeuw bijvoorbeeld Reineveld aan de Haagweg of De Prins buiten de Oostpoort, beide helaas al lang verdwenen. Café De Kleine Prins aan het Oosteinde herinnert nog aan de voormalige uitspanning. Het aantal café's en restaurantjes is tegenwoordig nagenoeg onafzienbaar. Vooral in de zomer bruist de stad dankzij de talloze terrassen. Volop in de zon op de Markt, tussen de platanen op de Beestenmarkt of het Doelenplein, onder de parasols op de terrasboten – overal genieten mensen van een drankje of een maaltijd. En dat gaat de hele dag door, vooral dankzij de aanwezigheid van toeristen en studenten, die er nu eenmaal een eigen levensritme op na houden •

Hotel Delft Centre on Koepoortplaats. And fortunately there came also new, often highly specialised hotels, such as Delft IKEA, completely furnished in the style of the Swedish department store, or Delft China, which aims at the Chinese business traveller visiting the Netherlands.

City filled with terraces

You can also find excellent places to eat and drink in Delft. In the Middle Ages there used to be hundreds of breweries here, which produced beer not only for the local market but especially for export to Brabant and Flanders. Incidentally, wine was also imported at the time, as is shown by the old street name Wijnhaven [Wine Harbour]. Beverages could be enjoyed in the many inns in the inner city or in the bars just outside the gates. Particularly famous in the nineteenth century were, for example, Reineveld on the Haagweg or De Prins outside the Oostpoort, both unfortunately long since gone. Café De Kleine Prins on Oosteinde is still reminiscent of the former bar. The number of cafés and restaurants nowadays is virtually limitless. The city buzzes, particularly in the summer when countless tourists visit it. Basking in the sun on the Markt, between the plane trees on the Beestenmarkt or the Doelenplein, under the parasols on the terrace boats - everywhere people enjoy a drink or a meal. And that continues right through the day, particularly thanks to the tourists and students, who simply keep to their own rhythm of life •

Hugo in het midden - of toch niet

Hugo in the middle - or perhaps not

Markt, standbeeld van Hugo de Groot en Nieuwe Kerk

Markt with statue of Hugo de Groot and Nieuwe Kerk

Het toerisme in Delft concentreert zich rond de Markt. Op dit prachtige plein staat sinds 125 jaar een standbeeld voor de internationaal befaamde rechtsgeleerde Hugo de Groot. Hij was een rasechte Delftenaar, in 1583 geboren aan de Oude Langendijk, vlakbij het Oosteinde. Hugo was van goede komaf. Een aantal van zijn voorvaderen had zitting in het stadsbestuur en zijn vader Jan de Groot had het gebracht tot burgemeester. Hugo was buitengewoon intelligent, zo bleek tijdens zijn opleiding aan de Latijnse school, en al op zijn elfde jaar werd hij toegelaten tot de universiteit van Leiden. Hij blonk uit in vele vakken: in filosofie en theologie, in geschiedenis en taalkunde, maar vooral in rechten. Een mooie loopbaan als jurist en diplomaat lag in het verschiet. Toen Hugo vijftien jaar oud was, werd hij door de Hollandse raadspensionaris Johan van Oldenbarnevelt meegenomen op een diensreis naar Frankrijk. Hij maakte van de gelegenheid gebruik om aan de toonaangevende universitiet van Orléans te promoveren in de rechten. Een jaar later werd hij beëdigd als advocaat bij het Hof van Holland, het hoogste rechtsorgaan van het gewest.

Hugo ontsnapt

In het spoor van Oldenbarnevelt maakte Hugo verder carrière, maar juist die goede band met de raadspensionaris werd hem noodlottig. Tijdens het Twaalfjarig Bestand van de Tachtigjarige Oorlog braken er ernstige twisten uit over godsdienstige zaken. Oldenbarnevelt kwam lijnrecht tegenover stadhouder Prins Maurits

Tourism in Delft concentrates around the Markt. For the last 125 years, this square has been graced with a statue of the internationally famous legal scholar Hugo de Groot. He was a true native from Delft, born there in 1583 on the Oude Langendijk, near the Oosteinde. Hugo came from a good background. A number of his ancestors had been members of the city council and his father Jan de Groot had even been mayor. Hugo was exceptionally intelligent, a fact that emerged during his education at the Latin school, and when he was eleven, he was admitted to the university of Leiden. He excelled in many subjects: in philosophy and theology, in history and languages, but particularly in law. A successful career as lawyer and diplomat lay ahead. When Hugo was fifteen, he was taken on a business trip to France by Johan van Oldenbarnevelt, the Grand Pensionary of Holland. He used this opportunity to gain his law degree from the prestigious university of Orleans. A year later, he was called to the bar at the Court of Holland, the highest legal institution in the province.

Hugo escapes

Hugo's career followed in the footsteps of van Oldenbarnevelt, but his good links with the Grand Pensionary would be his downfall. During the Twelve Years' Truce in the Eighty Years' War, serious disputes about religious matters arose. Oldenbarnevelt took the opposite position to stadtholder Prince Maurits and was beheaded in 1619. Hugo was imprisoned in Loevestein

te staan en werd in 1619 onthoofd. Hugo werd gevangengezet op slot Loevestein. Hij wist dankzij een list te ontsnappen: hij verstopte zich in een boekenkist en werd zo ongezien zijn gevangenis uitgedragen. Hij vluchtte naar het buitenland, waar de banen voor zo'n briljante man voor het opscheppen lagen.

Schipbreuk

Hugo verbleef lange tijd in Frankrijk, waar hij werkte voor koning Lodewijk XIII. In 1631 waagde hij zich weer op Nederlandse bodem, maar een jaar later werd hij het land uitgezet. Hij trad uiteindelijk in dienst van de Zweedse regering. Zijn taak was voornamelijk het onderhouden van de contacten met Frankrijk, een land dat hij goed kende. Hij pendelde veel heen en weer tussen beide landen, maar een van zijn dienstreizen werd hem noodlottig. Op 12 augustus 1645 ging Hugo scheep in Stockholm met bestemming Lübeck. Tijdens een zware storm op de Oostzee raakte het schip in nood en het liep aan de grond vlakbij Danzig, tegenwoordig het Poolse Gdansk. Hugo wist het vege lijf te redden. Hoewel hij uitgeput was, wilde hij toch direct over land verder reizen. Hij kwam niet ver: op 28 augustus 1645 overleed hij in Rostock. Zijn zwager Nicolaas van Reigersberch zorgde ervoor dat zijn lichaam werd overgebracht naar zijn vaderstad Delft. Hier werd hij bijgezet in de Nieuwe Kerk.

Wereldberoemd rechtsgeleerde

Hugo de Groot heeft zijn faam te danken aan een groot

Castle. He was able to engineer a cunning escape: he hid himself in a book chest and was carried out of his prison without being spotted. He fled abroad, where there were more than enough jobs for such a brilliant man.

Shipwreck

Hugo spent a long time in France, where he worked for Louis XIII. In 1631 he took a chance and returned to Holland, but a year later he was deported. He finally entered the employ of the Swedish government. His duties were primarily in maintaining contacts with France, a country he knew well. He commuted frequently between both countries, but one of his trips proved fatal. On 12 August 1645, Hugo boarded a ship in Stockholm with Lubeck as destination. During a heavy storm on the Baltic Sea, the ship sailed into difficulties and ran aground nearby Danzig, today the Polish city of Gdansk. Hugo was able to save his skin. Although exhausted, he wanted to continue his journey by land. He didn't get far: on 28 August 1645 he died in Rostock. His brother-in-law Nicolaas van Reigersberch had his body taken to Delft, the city of his birth. He was buried in the Nieuwe Kerk.

World-famous legal scholar

Hugo de Groot owes his fame to a large body of writing. He published around eighty books. Some of them, even three hundred years later, are still not out of date. Current international maritime law is based on ideas of

aantal geschriften. Hij publiceerde ongeveer tachtig boeken. Sommige daarvan zijn na meer dan drie eeuwen nog altijd niet verouderd. Zo is het tegenwoordige internationale zeerecht gebaseerd op de ideeën van Hugo de Groot en ook het volkenrecht heeft veel aan hem te danken. Toch heeft het lang geduurd voor hij in Delft de eer kreeg die hem toekwam. Pas in 1781 werd er door de familie De Groot een grafmonument voor Hugo geplaatst in het koor van de Nieuwe Kerk. Weer ruim een eeuw later, in 1886, verrees op de Markt een standbeeld ter ere van Hugo de Groot. Het initiatief kwam van een vereniging voor internationaal recht. Het beeld werd gemaakt door de Haagse kunstenaar F.L. Stracké.

Standbeeld aan de wandel

Over de plaats van Hugo's standbeeld is vaak gediscussieerd. Aanvankelijk stond het in het centrum van de

Markt zuidzijde

Markt south side

Hugo de Groot and also international law owes much to him. Yet it took a long time before Delft honoured him in a way he deserved. It was not until 1781 that a gravestone was erected for Hugo by the De Groot family in the choir of the Nieuwe Kerk. Yet another century passed before, in 1886, a statue in honour of Hugo de Groot was erected on the Markt. The initiative came from an association for international law. The statue was made by F. L. Stracké, an artist living in The Hague.

Statue taking a stroll

There has been much discussion about the location of Hugo's statue. Initially it stood in the centre of the Markt, in the middle of the circle with the motto ELCK WANDEL IN GODTS WEGEN [let everybody walk in God's ways]. Those words, incidentally, have nothing to do with Hugo de Groot or with the statue, because they were engraved in 1595 by order of the city council. In 1954, Hugo had to make way for the tattoo and

Markt, standbeeld van Hugo de Groot

—

Markt, statue of Hugo de Groot

Markt, midden in de cirkel met de spreuk ELCK WANDEL IN GODTS WEGEN. Die woorden hebben overigens niets met Hugo de Groot of met het standbeeld te maken, want ze waren al in 1595 door het stadsbestuur aangebracht. In 1954 moest Hugo wijken voor de taptoe en verhuisde hij 'tijdelijk' naar een plaats links van de Nieuwe Kerk. Na de opheffing van de taptoe in 1974 duurde het nog tot 1977 voor hij zijn plaats in het midden weer mocht innemen. In de jaren 2003-2004 werd de Markt heringericht. Om te voorkomen dat het beeld bij allerlei evenementen telkens weer zou moeten verhuizen, kreeg het een 'definitieve' plek in het verlengde van de Oude Manhuissteeg •

moved 'temporarily' to a place to the left of the Nieuwe Kerk. When the tattoo was disbanded in 1974, it took until 1977 before he was allowed to take up his former position in the middle of the market square. The Markt was remodelled in 2003-2004. In order to avoid having to move the statue for a whole range of events, it was given a 'permanent' place in the continuation of the Oude Manhuissteeg •

Oude Delft

Cameretten

Markt

Hippolytusbuurt

Koornmarkt, restaurant De Klikspaan | Koornmarkt, De Klikspaan restaurant

Beestenmarkt

Wijnhaven, watertaxi en terras van restaurant Het Boterhuis | Wijnhaven, water taxi and terrace of Het Boterhuis restaurant

Wijnhaven

Brabantse Turfmarkt, lunchcafé Vrij

Markt, stadscafé De Waag

Nieuwstraat, café Tango

Markt

Markt, donderdagse weekmarkt

Markt, the weekly Thursday market

Marktstad
– Vlees en vis

Market city
– Meat and fish

Delft heeft al heel lang een regiofunctie als het gaat om in- en verkopen. Tot ver in de negentiende eeuw begon het platteland immers direct buiten de stadsmuren en dus was Delft de plaats waar de producten van veeteelt en land- en tuinbouw werden verhandeld. Omgekeerd kochten boeren en buitenlui in de stad de goederen en gereedschappen die zij niet zelf konden produceren. De handel concentreerde zich op de donderdagse weekmarkt. Daarnaast vond er tweemaal per jaar een grote jaarmarkt plaats, in juni en september, waar handelaren en klanten van heinde en verre op af kwamen. Deze jaarmarkten duurden een week en gingen in de Middeleeuwen gepaard met kerkelijke processies. De kermis is daarvan een overblijfsel.

Markt op de brug

De algemene week- en jaarmarkten werden gehouden op de Markt, of het Marktveld, zoals het heette tot het in 1484 werd geplaveid. Maar er waren ook markten waar speciale producten werden verhandeld, zoals blijkt uit sommige nog altijd bestaande straatnamen. De Beestenmarkt en de Paardenmarkt herinneren

Boten uit het Westland komen naar de Streekmarkt op de Boterbrug

Boats from the Westland come to the Regional Market on the Boterbrug [Butter Bridge]

Delft has long fulfilled a regional function where purchasing and selling is concerned. After all, until long into the nineteenth century, the countryside began directly outside the city walls and so Delft was the place where the products of livestock farming and horticulture were traded. Conversely, the farmers and rural folk went to the city to purchase the goods and tools which they couldn't produce themselves. The trade concentrated itself at the Thursday weekly market. In addition, a large market was held twice a year, in June and September, which attracted dealers and customers from near and far. These markets lasted a week and in the Middle Ages coincided with religious processions. The fair is a relic of this.

Market on the bridge

The week and special markets were held on the Markt [Market], or on the Marktveld [Market Field], as it was called until it was paved in 1484. But there were also markets where special products were traded, as is shown by some street names that are still in use. The Beestenmarkt [Animal Market] and the Paardenmarkt

eran dat Delft ooit het centrum was van een gebied dat vermaard was om de kwaliteit van zijn vee. Aan de Koornmarkt werd per schip het voornaamste ingrediënt ingevoerd voor de bierindustrie, en aan de Brabantse Turfmarkt de brandstof voor de brouwerijen en later de plateelbakkerijen. Veel handel was geconcentreerd op bruggen, en ook dat is nog af te lezen aan de namen: de Boterbrug, de Haverbrug (over de Binnenwatersloot), de Warmoesbrug (tussen Nieuwstraat en Cameretten) of de Poelbrug (achter de Oude Kerk). Die markten zijn allemaal verdwenen, maar er zijn wel een paar andere voor in de plaats gekomen. Een attractie van jewelste is bijvoorbeeld de zaterdagse kunst- en antiekmarkt op de Hippolytusbuurt, de Voldersgracht en het Vrouwjuttenland. Vanaf Pasen tot ver in de herfst kunnen handelaren en particulieren hier oude en minder oude spullen verkopen, waar altijd weer veel vaste klanten maar ook toeristen op af komen. Eenmaal per jaar is er bovendien een Oosterse markt op het Sint-Agathaplein, dat dan is omgetoverd in een heerlijk geurende pasar malam. Heel toepasselijk, zo naast museum Nusantara!

Hallen, banken en winkels

Voor sommige waren bestonden vroeger speciale hallen, zoals het Boterhuis achter het Stadhuis, de Vleeshal bij de Cameretten en de Visbank op de Hippolytusbuurt. Alleen de laatste heeft tot op de dag van vandaag zijn oorspronkelijke functie behouden. Winkels waren aanvankelijk vaak gecombineerd met werkplaatsen.

[Horse Market] recalls that Delft was at one time the centre of an area that was famed for the quality of its livestock. Ships would bring the main ingredient for the beer industry to the Koornmarkt [Corn Market], and the Brabantse Turfmarkt [Brabant Peat Market] imported the fuel for the breweries and later for the potteries. A lot of trade was concentrated on bridges and that again can be read in the names: Boterbrug [Butter Bridge], Haverbrug [Oat Bridge] (which spans the Binnenwatersloot), the Warmoesbrug [Vegetables Bridge] (between Nieuwstraat and Cameretten) or the Poelbrug [Chicken Bridge] (behind the Oude Kerk). These markets have all disappeared, but a few others have taken their place. A major attraction, for example, is the Saturday art and antique market on the Hippolytusbuurt, the Voldersgracht and the Vrouwjuttenland. From Easter until late in autumn, dealers and private individuals can sell old and not-so-old articles, which always attract many regulars and tourists. Once a year there is also an Eastern market on the Sint-Agathaplein, which is then transformed into a deliciously aromatic pasar malam. Appropriately, right next to Nusantara museum!

Halls, banks and shops

For some goods there used to be special halls, such as the Boterhuis [Butter House] behind the Stadhuis, the Vleeshal [Meat Hall] near the Cameretten and the Visbank [Fish Bank] on the Hippolytusbuurt. Only the last still retains its original function. Shops were initially

Voor de gevel of in het voorhuis werden de producten verkocht die in het achterhuis werden vervaardigd. Hoe zo'n winkelgevel eruit zag, is nog te zien in het gerestaureerde pand Markt 2. Het is overigens niet eens de oudste pui die bewaard bleef, want dat is die van boekhandel De Omslag op de hoek van Wijnhaven en Boterbrug, die zelfs van vóór de stadsbrand van 1536 dateert. Maar de meeste historische winkelpuien in Delft dateren uit de tweede helft van de negentiende en de eerste helft van de twintigste eeuw. Toen vond een ingrijpende wijziging in het winkelconcept plaats. Er werden steeds minder zelfgemaakte en steeds meer fabrieksmatig vervaardigde goederen verkocht. Dit maakte het mogelijk een groter assortiment aan te bieden, dat dan natuurlijk ook ruimschoots getoond moest worden. De winkels werden ruimer en grote ramen boden zicht op de in de etalage uitgestalde producten. Overal in de binnenstad zijn prachtige winkelpuien te vinden, die gelukkig steeds vaker in originele staat worden behouden of hersteld. Dergelijke initiatieven winnen aan kracht als er ook moderne elementen aan worden toegevoegd, zoals de uithangtekens van boekhandel Huyser op de hoek Choorstraat-Hippolytusbuurt of van modezaak Being There op de hoek Oude Delft-Peperstraat.

Museumwinkel
Sommige gevels springen er echt uit door hun versieringen, zoals de rijke neo-renaissance pui van de snoepwinkel op de Hippolytusbuurt 15/17, de art nouveau

combined with workshops. Goods that were made in the rear part of the house were sold either in front of the house or in the front part of the house. What this shop gable would look like can be seen in the restored building at Markt 2. It is, incidentally, not the oldest façade that has been preserved, for that is the bookshop De Omslag [The Cover] on the corner of Wijnhaven and Boterbrug, which pre-dates the city fire of 1536. But most of the historic shop fronts in Delft date from the second half of the nineteenth and the first half of the twentieth century. Then a radical change in the shop concept took place. Fewer and fewer home-made goods were sold and more and more manufactured goods. This made it possible to offer a wider range, which then, of course, had to be plentifully displayed. The shops became more spacious and large windows offered a view of the products displayed. Beautiful shop-fronts can be found throughout the inner city; fortunately many have been retained in the original form or have been restored. Such initiatives gain strength if modern elements are also added to them, such as the signs of Huyser bookshop on the corner of Choorstraat-Hippolytusbuurt or of fashion boutique Being There on the corner of Oude Delft-Peperstraat.

Museum shop
Some façades really jump out at you because of their decorations, such as the rich neo-renaissance shop-front of the sweet shop at 15/17 Hippolytusbuurt, the art nouveau elements of 1 Cameretten or the tiled

elementen van Cameretten 1 of de tegeltableaus van de souvenirwinkel Markt 45 en de voormalige bakkerij De Zijworm op de hoek van de Markt en de Oude Langendijk. Heel bijzonder is Wijnhaven 10, ontworpen in 1919 door Eduard Cuypers, waar behalve de pui ook het interieur van de tabakszaak heel gaaf bewaard is gebleven.

Op de hoek van de Annastraat en de Geerweg staat een voormalige melkwinkel met Jugendstil tegeltableaus in de gevel. Helaas is het geen winkel meer en kun je dus niet meer binnen kijken. Dat kan wel bij museumwinkel Kouwenhoven op het Sint Agathaplein: hier is het interieur nagebouwd van een kruidenierszaakje dat tot

Wijnhaven, Wilmer's sigarenmagazijn

Wijnhaven, Wilmer's tobacconist

pictures of the souvenir shop 45 Markt and the former bakery De Zijworm on the corner of the Markt and the Oude Langendijk. Something very special is 10 Wijnhaven, designed in 1919 by Eduard Cuypers, where not only the shopfront but also the interior of the tobacconist has been retained in its original state. On the

corner of Annastraat and Geerweg, there is a former dairy with Jugendstil tiled tableaux in the façade. Unfortunately there is no longer a shop and so you can no longer look inside. But you can do that at the Kouwenhoven museum shop on the Sint Agathaplein: here there is a copy of the interior of a grocery shop

1985 was gevestigd aan de Verwersdijk. Je kunt er nostalgische huishoudelijke artikelen en snoepgoed kopen.

Winkelcentra
Omstreeks 1900 telde Delft ongeveer duizend winkels. Rond die tijd vestigden zich hier ook de eerste landelijke winkelketens. Op de hoek van de Hippolytusbuurt en de Nieuwstraat opende in 1904 magazijn 'De Zon', later beter bekend als Vroom en Dreesmann. Ook Kreymborg en Albert Heyn openden in die periode filialen in Delft. Na de Tweede Wereldoorlog verrezen grote winkelcentra met een hoge concentratie van zaken in verschillende branches. In de Hoven en Zuidpoort zijn hier voorbeelden van. Winkelstraten hebben door het grote aantal ketenfilialen de neiging steeds meer op elkaar te gaan lijken. Maar gelukkig zijn er in Delft ook nog veel bijzondere winkels in karakteristieke panden ●

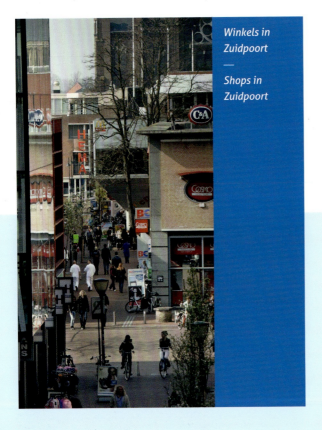

Winkels in Zuidpoort
—
Shops in Zuidpoort

that was on the Verwersdijk until 1985. You can buy nostalgic household articles and sweets.

Shopping malls
Around 1900, Delft had about a thousand shops. In this period, the first national chain stores opened branches here. The department store 'De Zon' opened on the corner of Hippolytusbuurt and Nieuwstraat in 1904; it would become better known as Vroom and Dreesmann. Kreymborg and Albert Heyn also opened branches in Delft. After the Second World War, large shopping malls appeared, with a high concentration of businesses in various fields. Examples of this can be found in In the Hoven and Zuidpoort. Because of the growing number of chain stores, shopping streets tend to look very much alike. But fortunately, Delft also has a lot of unusual shops in characteristic buildings ●

Streekmarkt op de Boterbrug

Regional market on the Boterbrug

Vlees en vis

Het kleine pleintje van de Cameretten was vanouds de plaats waar vlees en vis werden verhandeld. De grote Vleeshal is zijn functie al sinds jaar en dag kwijt, maar de Visbanken zijn nog in volle glorie aanwezig. In een authentiek oud-Hollands aandoende entourage worden de meest uiteenlopende soorten aan de man gebracht. Op de gevel van de Visbanken staat het jaartal 1342. Het lijkt misschien ongelooflijk, maar dat jaar vormt inderdaad de oorsprong van de vishandel op deze plek. De graaf van Holland, die als heer van de stad voor allerlei activiteiten toestemming moest geven, verleende Delft toen het recht om een aparte markt voor vis in te richten. De toonbanken aan de Hippolytusbuurt met hun karakteristieke lage puntdak zijn eeuwenlang nagenoeg onveranderd gebleven. In de zeventiende eeuw stond

Meat and fish

The little square of the Cameretten was traditionally the place where meat and fish was sold. The large Meat Hall lost its function years ago, but the Fish Banks are still there in all their glory. The widest variety is on offer in an authentic setting reminiscent of old Dutch. The façade of the Fish Banks has a date: 1342. It may seem unbelievable, but that is indeed the year when the fish trade originated on this spot. In that year, the count of Holland, who, as lord of the city, had to give his approval for all sorts of activities, granted Delft the right to set up a separate market for fish. The display counters on the Hippolytusbuurt with their characteristic low pointed roof have stood there virtually unchanged for centuries. In the seventeenth century, a similar building stood opposite, along the canal, but that disap-

er een soortgelijk gebouw aan de andere kant, langs de gracht, maar dat is al lang verdwenen. In die tijd waren de Visbanken alleen bedoeld voor zeevis. Riviervis werd verhandeld op de Jeronymusbrug over de Oude Delft, aan het einde van de Nieuwstraat.

Vleeshal

De vleeshandel speelde zich af in het naburige pand, aan het begin van de Voldersgracht. Al in 1295 verleende graaf Floris V aan Delft het recht om een Vlees- en Broodhuis te bouwen. De combinatie was misschien niet zo gelukkig, dus al snel huisden hier alleen de slagers. De bakkers gingen hun producten meer en meer vanuit hun eigen bakkerij annex winkelhuis verkopen. In de vijftiende eeuw bood de Vleeshal tevens onderdak aan de lakenhandelaren. Wegens ruimtegebrek kregen de slagers toestemming om hun waren ook elders aan de man te brengen. Dit bemoeilijkte echter de noodzakelijke kwaliteitscontrole door het stadsbestuur. Concentratie van de vleeshandel onder één dak leek uiteindelijk toch de beste oplossing. In 1650 verrees daarom een nieuwe, ruimere Vleeshal op de kelders en fundamenten van de oude. Het Hollands-classicistische ontwerp is waarschijnlijk gemaakt door de beeldhouwer Hendrik Swaef.

peared long ago. In those times, the Fish Banks were only intended for sea fish. Fresh-water fish were traded on the Jeronymusbrug over the Oude Delft, at the end of the Nieuwstraat.

Vleeshal [Meat Hall]

The meat trade took place in the neighbouring building, at the beginning of the Voldersgracht. As long ago as 1295, count Floris V of Delft granted the right to build a Meat and Bread House. The combination was perhaps not so opportune, and very soon, only the butchers were housed here. The bakers increasingly sold their wares from their own bakery or shop-in-house. In the fifteenth century, the Meat Hall also offered accommodation to the textile merchants. Because of the lack of space, the butchers were granted permission to sell their wares in other places. This did, however, make the necessary quality control by the city council more difficult. Concentrating the meat trade under one roof ultimately seemed the best solution. In 1650, a new, more spacious Meat Hall was built over the cellars and foundations of the old hall. The Dutch classical design was probably by the sculptor Hendrik Swaef.

Cameretten-festival

De nieuwbouw bleef als Vleeshal in gebruik tot 1872. Toen werd hier de korenbeurs ondergebracht, die dakloos was geworden door sloop van het oude pand op de Haverbrug, over de Binnenwatersloot. De Delftse graanhandel had echter zijn beste tijd gehad en in de twintigste eeuw kwam het gebouw leeg te staan. In 1945 werd de middeleeuwse kelder verhuurd aan de studentenvereniging SSR, die de sociëteit de naam Koornbeurs gaf. En zo staat het als vleeshuis gebouwde pand nog altijd bekend. Van 1966 tot en met 1987 vond hier het Cameretten-festival plaats, waar heel wat cabaret-talenten zich voor het eerst konden bewijzen.

Engelen, schapen en koeien

Het zeventiende-eeuwse gebouw van de Koornbeurs heeft de tand des tijds redelijk goed doorstaan. Op het fronton prijkt het Delftse stadswapen, dat wordt opgehouden door twee engeltjes, geflankeerd door liggende schapen. Boven de beide deuren zijn schapenkoppen aangebracht en weer daarboven twee enorme gehoornde koeienkoppen. Al die versieringen laten geen misverstand bestaan over de oorspronkelijke functie van de Koornbeurs ●

Cameretten festival

The new building continued as meat hall until 1872. Then it became home to the corn exchange, which had lost its own accommodation with the demolition of the old building on the Haverburg, over the Binnenwatersloot. The Delft grain trade, however, had had its best times and in the twentieth century, the building stood empty. In 1945, the medieval cellar was rented to the student association SSR, which gave the society its name Koornbeurs [Corn Exchange]. And this is the name under which the building that was first a meat hall is still known. From 1966 to 1987, it housed the Cameretten festival, where quite a number of cabaret talents first proved themselves.

Angels, sheep and cows

The seventeenth-century building of the Koornbeurs has reasonably withstood the test of time. The fronton proudly shows the Delft city arms, held aloft by two angels and flanked by recumbent sheep. Sheep's heads are installed over both doors and above them two enormous horned cows' heads. All this decoration leaves little doubt about the original function of the Koornbeurs ●

Streekmarkt op de Boterbrug | Regional market on the Boterbrug

Boten uit het Westland komen naar de Streekmarkt op de Boterbrug

—

Boats from the Westland come to the Regional market on the Boterbrug

Zaterdagse antiek- en curiosamarkt

—

Saturday, antique and bric-a-brac market

Zaterdagse antiek- en curiosamarkt

—

Saturday, antique and bric-a-brac market

Sint Agathaplein, Oosterse markt

—

Sint Agathaplein, Eastern market

Markt, stadsuurwerkmaker Tjan van Loenen

—

Markt, city clockmaker Tjan van Loenen

*Voldersgracht,
Wines & Whiskies*

*Hippolytusbuurt,
Candy Shop*

Choorstraat, boekhandel Huyser | Huyser bookshop

Hippolytusbuurt, Lijst 37

Vrouwjuttenland, Les gateaux

*Sint Agathaplein,
Winkeltje
Kouwenhoven*

—

*Sint Agathaplein,
Kouwenhoven
shop*

*Voldersgracht,
antiquair
Van Geenen*

—

*Voldersgracht,
antique dealer
Van Geenen*

Beestenmarkt, Van Beek verfwaren

Beestenmarkt, Van Beek paints and accessories

Markt, Mooi Weer Spelen

*Markt, Mooi Weer Spelen
[Fair Weather Games]*

Festivalstad
– *De Ommegang herleeft*

Festival city
– *The Procession revived*

In de Middeleeuwen werd het levensritme bepaald door de katholieke kerk. Buiten de zondagen waren er nog zo'n zestig kerkelijke feesten of heiligendagen waarop niet hoefde te worden gewerkt. Dan ging men ter kerke en was er tijd voor ontspanning. Op de voornaamste hoogtijdagen werden processies georganiseerd, waarin priesters, schutterijen, gilden en broederschappen meeliepen, natuurlijk allemaal in hun beste gewaad. Soms werden dan 'wagenspelen' opgevoerd, stichtelijke toneelvoorstellingen op verrijdbare podia. De jaarlijkse viering van de kerkwijding ging gepaard met een kermis (het woord is afgeleid van kerk-mis), waar potsenmakers, kwakzalvers, acrobaten en vele anderen hun kunsten vertoonden. De belangrijkste hoogtijdag voor Delft was de Grote Ommegang, de processie die sinds 1327 werd georganiseerd ter ere van Maria van Jesse, een heiligenbeeld in de Oude Kerk.

Onuitroeibaar

Nadat in 1572 de protestanten het in Delft voor het zeggen kregen, werd het religieuze leven een stuk soberder. De gereformeerde kerk stond afwijzend tegen allerlei vertier dat voorheen normaal was, maar zij heeft die strenge lijn niet helemaal door kunnen voeren. Van hoog tot laag verzette men zich tegen de inperking van de vrijheid om plezier te maken. Toen Willem van Oranje in het Prinsenhof woonde, leidde hij daar een luxueus leven dat paste bij zijn stand. En dus werd de doop van Frederik Hendrik in 1584 gevierd met zang en dans, ondanks vermaningen van de kerkenraad. En ook tegen

In the Middle Ages, the rhythm of life was set by the Catholic church. In addition to Sundays, there were some sixty church festivals or saints' days on which people were not required to work. Then people went to church and there was time for recreation. Processions were organised on the principal high holidays, in which priests, militia, guilds and brotherhoods would participate, naturally all dressed in their finest gowns. Sometimes 'wagon plays' were performed, edifying theatrical plays on movable podia. The annual Feast of the Dedication was accompanied by a fair (the Dutch word for fair - kermis - is derived from kerk-mis, church mass) where clowns, quacks, acrobats and many others would perform their tricks. The most important high day for Delft was the Great Procession, the procession that had been organised since 1327 in honour of Maria of Jesse, a saint's figure in the Oude Kerk.

Ineradicable

After 1572, when the Protestants took charge in Delft, religious life became a lot more sober. The reformed church was against all sorts of pleasure that had previously been thought normal, but they were not completely able to enforce that strict doctrine. High and low resisted the restriction on the freedom to have pleasure. When Willem of Orange lived in the Prinsenhof, he enjoyed a luxurious life that matched his station. And so the baptism of Frederik Hendrik in 1584 was celebrated with song and dance, despite admonitions from the church council. And action had to be taken

de o zo populaire kinderfeesten als Driekoningen, Sint-Maarten en Sint-Nicolaas moest elk jaar weer opgetreden worden, waaruit wel blijkt hoe onuitroeibaar zij waren. Ze hebben het dan ook uitgehouden tot vandaag, al is Sinterklaas uiteindelijk veruit de populairste gebleken. Zijn feest werd lang uitsluitend in huiselijke kring gevierd, maar in de twintigste eeuw werd het steeds meer een openbaar gebeuren. Voor zover bekend werd de goedheiligman voor het eerst in 1902 op straat gesignaleerd. Vanaf de jaren dertig kwam hij jaarlijks per boot aan, aanvankelijk aan de Hooikade. De intocht werd ook toen al georganiseerd door de middenstand. Onder leiding van de harmonie van de Gistfabriek en Calvé toog de stoet dwars door de bin-

each year afresh against the highly popular children's festivals of Epiphany, St. Martin and St. Nicholas, which shows just how ineradicable they were. They have all survived until today, although Sinterklaas [St. Nicholas] has proved to be by far the most popular. His festival was long celebrated exclusively in the privacy of one's home, but in the twentieth century it became increasingly more public. As far as we can tell, the saintly gentleman was first seen on the streets in 1902. From the 'thirties, he would arrive each year by boat, initially at the Hooikade. The entry was organised even then by the local shopkeepers and merchants. With the brass band of the Yeast Factory and Calvé leading the way, the procession went right through the inner city to

nenstad naar hotel Wilhelmina aan het Noordeinde. Tegenwoordig komt de Sint aan bij de Oostsingel en trekt hij via de Markt naar de Beestenmarkt, waar hij zich mengt onder de kinderen. Als Sinterklaas is vertrokken, wordt dit plein omgetoverd tot een heuse ijsbaan, waar je wekenlang kunt schaatsen tussen de platanen.

Kennismaken op de kermis
En ook de kermis is nooit helemaal weggeweest, al is de kerkelijke achtergrond wel volledig verdwenen. Vooral in de negentiende eeuw was het een feest waar lering en vermaak hand in hand gingen. Hier maakten mensen kennis met nieuwe en onbekende dingen, zoals electriciteit of fotografie. Eenzelfde rol vervulde in die tijd het circus, waar exotische dieren te zien waren. Meestal vonden dergelijke evenementen plaats op de Markt, het grootste plein van de stad, onder toeziend oog van Hugo de Groot.

Studentenfeesten
De studenten dragen veel bij aan de levendigheid van de stad, door alle activiteiten die zij hier organiseren. Tijdens de OW, de openingsweek die voorafgaat aan het studiejaar, organiseren de verenigingen informatiemarkten, optredens en feesten om de eerstejaars wegwijs te maken en aan zich te binden. Op de Markt en bij de sociëteiten zijn dan podia en informatiestands ingericht om nieuwe leden te trekken. In de groentijd kom je vervolgens de groepen feuten tegen die onder leiding van ouderejaars allerlei opdrachten uitvoeren.

Hotel Wilhelmina on Noordeinde. Today, the Saint arrives at the Oostsingel and goes via the Markt to the Beestenmarkt, where he mixes with the children. When St. Nicholas has left, this square is transformed into a real ice rink, where you can skate among the plane trees.

Learning at the fair
And the fair has not completely gone either, although the religious background to it has totally disappeared. Particularly in the nineteenth century, it was a festival where instruction and amusement went hand in hand. It was here that people learned about new and unknown things, such as electricity or photography. A similar role was assumed in those days by the circus, where exotic animals could be seen. Generally such events took place on the Markt, the largest square in the city, under the watchful eye of Hugo de Groot.

Student parties
The students contribute a lot to the vivacity of the city with all the activities they organise here. During the OW, the opening week that precedes the academic year, the associations organise information markets, performances and parties in order to show the first year students the ropes and to get them to commit to their association. There are stages and information stands on the Markt and at the societies set up to attract new members. During the hazing period you run into groups of freshmen who are ordered by the upper

En het hele jaar door zijn er diesvieringen, die vooral in een lustrumjaar groots worden aangepakt. Vroeger waren de maskerades van DSC gebeurtenissen waar jaren naartoe werd gewerkt en die zelfs de koninklijke familie naar de tribune op de Markt lokten.

Bloemen uit het Westland

De maskerades zijn verdwenen, maar er is heel wat voor in de plaats gekomen. Al meer dan twintig jaar worden elke zomer de bijzonder succesvolle Mooi Weer Spelen georganiseerd, een weekend vol straattheater door de hele binnenstad en een grandioze manifestatie in de avond. In de winter wordt Delft omgetoverd tot een feestelijk verlicht winkelparadijs, dat wordt geopend met de razend populaire lichtjesavond. Maar qua bezoekersaantal kan er waarschijnlijk niets tippen aan het Varend Corso Westland, dat ook altijd Delft aandoet. Langs de Buitenwatersloot en het Rijn-Schiekanaal staan dan tienduizenden toeschouwers. Ooit kwamen de boten uit het Westland om hun groenten in Delft op de markt of de veiling te verkopen, nu showen ze vooral hoe belangrijk de bloementeelt voor de regio is geworden. Al met al is er een breed scala aan festivals en evenementen, waar bewoners en bezoekers van Delft het hele jaar door van kunnen genieten •

Mooi Weer Spelen

Fair Weather Games

year students to carry out all sorts of assignments. And throughout the year there are foundation day celebrations, which, in fifth anniversary years, are major affairs. In the past, the masquerades of DSC were events which took years of preparation and attracted even the Royal Family to the tribune on the Markt.

Flowers from the Westland

The masquerades have disappeared, but a lot has come along to replace them. For more than twenty years, the Mooi Weer Spelen [Fair Weather Games] have been successfully organised each summer: a weekend of street theatre taking place throughout the inner city and a magnificent show in the evening. In the winter, Delft is transformed into a magically lit shopping paradise, which is opened with an incredibly popular light show. But for numbers of visitors, nothing can tip the Westland Sailing Flower Parade that always visits Delft. Tens of thousands of spectators line the Buitenwatersloot and the Rhine-Schie Canal. The boats used to arrive in Delft with vegetables from the Westland which were then sold on the market or at the auction; now the boats show how important floriculture has become for the region. All in all, there is a broad range of festivals and events, which give pleasure throughout the year to both residents of and visitors to Delft •

De Ommegang herleeft

Eén van de best bewaarde geheimen van Delft is de zijkapel van de Maria van Jessekerk. Je kunt er komen via een deur aan de westkant van de kerk in de Jozefstraat. In de kapel staat een beeld van Maria, gezeten op een troon en met het kind Jezus op schoot. Het beeld dateert uit de veertiende eeuw. Het is in 1939 gekocht door de pastoor van de toenmalige Sint-Jozefkerk, die in 1971 werd omgedoopt tot Maria van Jessekerk.

Een wonder!

Het beeld mag dan pas vrij recent zijn verworven, de Delftse verering voor Maria van Jesse is al eeuwenoud. De oorsprong ligt in een verhaal uit het jaar 1327 over een zekere Machteld, een blinde vrouw uit Den Haag. Zij kreeg in een visioen te horen dat zij moest gaan

The Procession revived

One of the best-kept secrets of Delft is the Lady Chapel of the Maria of Jesse Church. You can enter it through a door on the west side of the church in the Jozefstraat. The chapel contains a statue of Mary seated on a throne and with the child Jesus in her lap. The statue dates from the fourteenth century. It was purchased in 1939 by the pastor of the former St. Joseph Church, which was renamed the Maria van Jesse Church in 1971.

A miracle!

The statue may be a relatively recent acquisition; the Delft veneration of Maria of Jesse is centuries old. The origin can be found in a story dating from 1327 about a certain Machteld, a blind woman from The Hague. She was told in a vision that she should go and pray in

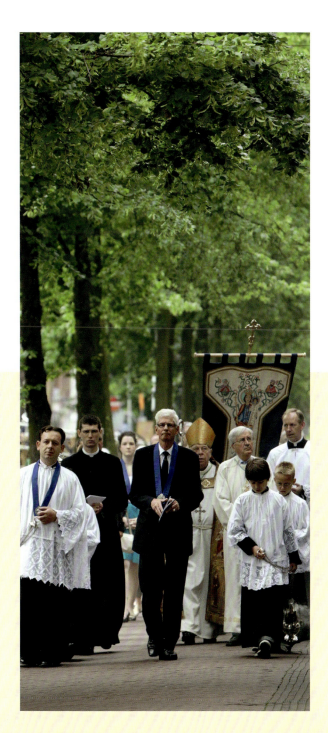

bidden in de kerk in Delft, voor het nieuwe beeld van Maria. Machteld liet zich naar Delft brengen, bad in de Oude Kerk bij het Maria-altaar om genezing en kreeg inderdaad haar gezichtsvermogen terug. Er zijn meer van dergelijke wonderverhalen bekend over dit beeld, dat de bijnaam Maria van Jesse had. De naam Jesse of Isaï verwijst naar de vader van koning David, de stamvader van Maria en Jezus.

Ommegang

Naar aanleiding van de wonderbaarlijke genezing van Machteld werd een dankprocessie door de stad gehouden. Deze plechtigheid werd in de Middeleeuwen jaarlijks herhaald op de zondag na 12 juni, de feestdag van Sint-Odulfus. Omdat die zogeheten Ommegang

the church in Delft, in front of the new statue of Mary. Machteld had herself taken to Delft, prayed in the Oude Kerk at the Mary altar for a cure and her sight did indeed return. There are more such stories of miracles known about this statue, which was given the nickname of Maria of Jesse. The name Jesse or Eshai refers to the father of King David, the forefather of Mary and Jesus.

Procession

In response to the miraculous cure of Machteld, a procession of gratitude was held in the city. This celebration was repeated annually in the Middle Ages on the Sunday after 12 June, the saint's day of St. Odulphus. As the so-called Procession coincided with the annual market, there were always a lot of people around. The

samenviel met de jaarmarkt, was er altijd veel volk op de been. De beide evenementen zullen elkaar hebben versterkt. Wie naar de processie kwam kijken, kon meteen inkopen doen op de markt, en wie de markt bezocht, kon in één moeite door getuige zijn van de processie. Uit de boekhouding van de kerkmeesters van de Oude Kerk blijkt dat er tijdens de Ommegang veel geld werd ingezameld en dat de verering van Maria van Jesse een belangrijke bron van inkomsten was.

Herleefd in stilte

Aan de cultus en de Ommegang kwam een abrupt einde in 1573, toen de protestanten zich meester maakten van de katholieke kerken. Alles wat herinnerde aan de verering van heiligen, werd zonder pardon verwijderd en ook het beeld van Maria van Jesse moest het veld ruimen. Wat ermee is gebeurd, is helaas onduidelijk. De katholieken moesten ondergronds en mochten hun godsdienst pas weer in het openbaar belijden in de negentiende eeuw. De vroegere devotie voor Maria van Jesse bleek niet te zijn vergeten. In 1929 werd de Ommegang zelfs weer in ere hersteld, niet als een plechtige processie met heiligenbeelden en priesters in kleurige gewaden, maar als een zogenaamde stille omgang. Dit

Maria van Jessekerk, viering na de Stille Omgang

—

Maria of Jesse church, celebration after the Silent Procession

two events would have reinforced each other. People who came to watch the procession could also do some shopping on the market, and those who came to the market could also enjoy the procession. The accounts of the church masters of the Oude Kerk show that a lot of money was collected during the Procession and that the veneration of Mary of Jesse was an important source of income.

Revived in silence

The cult and the Procession came to an abrupt end in 1573, when the Protestants took control of the Catholic churches. Anything that recalled the veneration of saints was removed without mercy and the statue of Mary of Jesse also had to leave the stage. What happened to it is, unfortunately, unclear. The Catholics had to go underground and were only allowed to practise their religion publicly in the nineteenth century. The former devotion for Mary of Jesse turned out not to have been forgotten. In 1929, the Procession was restored - not as a solemn procession with statues of saints and priests in colourful robes, but as a so-called silent procession. This was the work of Jules Froger, member of the Mary Congregation of Delft of the

was het werk van Jules Froger, lid van de Delftse Maria-congregatie van de Katholieke Studenten Vereniging Sanctus Virgilius. De stille omgang trok in de jaren dertig honderden deelnemers, tegenwoordig nog enkele tientallen. Zij verzamelen zich op de zondag na 12 juni om half tien 's-ochtends in de Sint Hippolytuskapel aan de Oude Delft 118. Via Oude Delft, Kolk, Molenstraat, Verwersdijk, Vrouwjuttenland, Voldersgracht, Markt en Oude Langendijk lopen zij zwijgend naar de Maria van Jessekerk, waar de plechtigheid wordt besloten met een eucharistieviering.

Moment van bezinning
De kapel van Maria van Jesse trekt het hele jaar door belangstellenden. Dagelijks komen mensen bloemen brengen of een kaarsje branden. In een dik boek, het zogenaamde intentieboek, kunnen bezoekers hun hartekreten kwijt of hun verhaal over de steun die zij hebben ondervonden. Ook wie minder of zelfs niet gelovig is, kan in de kapel terecht voor een moment van bezinning of om zich gedurende enkele rustige ogenblikken te onttrekken aan het jachtige stadsleven ●

Catholic Student Association Sanctus Virgilius. The silent procession attracted hundreds of participants in the 'thirties, today just several dozen. They gather on the Sunday after 12 June at nine thirty in the morning in the St. Hippolytus Chapel at 118 Oude Delft. They walk in silence via Oude Delft, Kolk, Molenstraat, Verwersdijk, Vrouwjuttenland, Voldersgracht, Markt and Oude Langendijk to the Maria of Jesse Church, where the rite ends with a celebration of the mass.

Moment of reflection
The chapel of Maria of Jesse attracts visitors throughout the year. Every day, people enter to bring flowers or light a candle. In a thick book, the so-called book of intentions, visitors can record their cris de coeur or their story about the comfort and support they have experienced. Even those who are not so religious or not religious at all can enter the chapel for a moment of reflection or to escape for a few moments the restless life of the city ●

Stille Omgang | *Silent Procession*

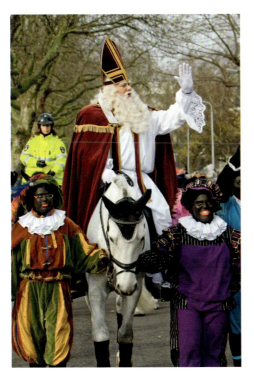

Intocht van Sint-Nicolaas | *Arrival of St. Nicholas*

Kermis op de Markt | *Fanfair on the Markt*

Mooi Weer Spelen | *Fair Weather Games*

Mooi Weer Spelen

Fair Weather Games

Bloemiste Pauline prepareert een boot voor het Varend Corso

Florist Pauline prepares a boat for the Sailing Flower Parade

Buitenwatersloot, Varend Corso
—
Buitenwatersloot, Sailing Water Parade

Levende Etalagedag

Living Shop Window Day

Levende Etalagedag

Living Shop Window Day

Lichtjesavond
—
Evening illuminations

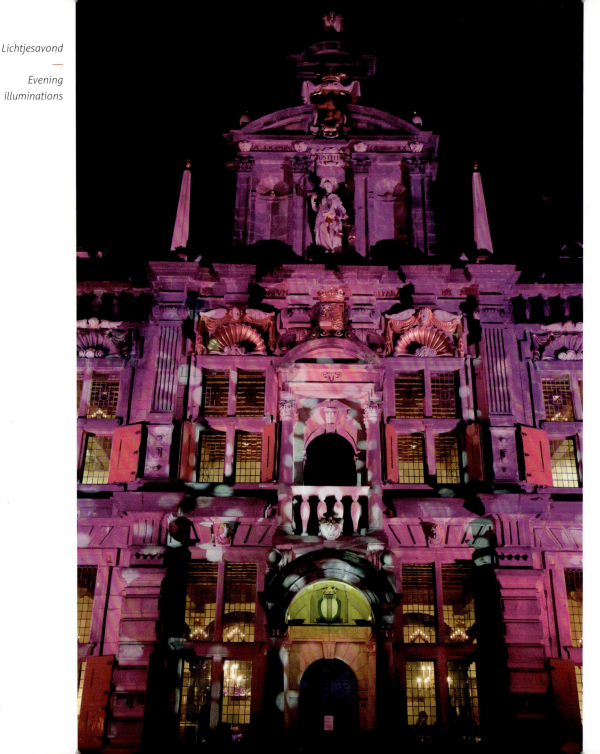

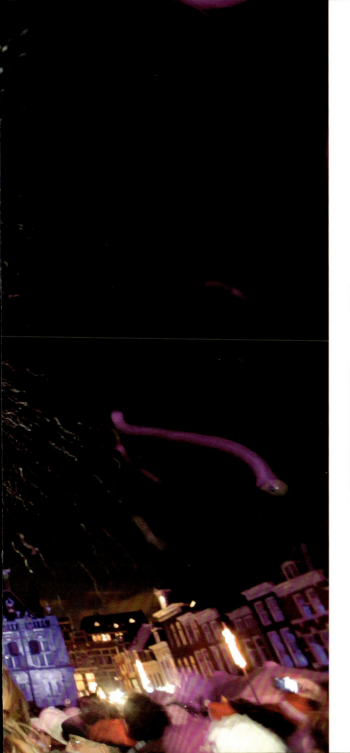

Lichtjesavond | *Evening illuminations*

Lichtjesavond | *Evening illuminations*

Muziekstad
– *Taptoe Delft*

Music city
– *Delft Tattoo*

Niet alleen de Delftse Ommegang, ook het muziekleven heeft zijn wortels in de middeleeuwse kerk. Aan de Oude en de Nieuwe Kerk waren koren verbonden, die de mis opluisterden met oorstrelende muziek. Er stonden en hingen orgels, die tijdens plechtigheden werden gebruikt, maar ook op andere momenten werden bespeeld om de bevolking te vermaken. En net zoals processies en andere plechtigheden na de reformatie werden verboden door de gereformeerde kerkenraad, werd ook de muziek beschouwd als werelds en dus onwenselijk vermaak. Orgelspel tijdens de kerkdiensten bleek bij nader inzien echter onmisbaar voor de samenzang. En het stadsbestuur herstelde de traditie van openbare orgelbespelingen omdat de bevolking

Oude Kerk, orgel

Oude Kerk, organ

Not only the Delft Procession but also the musical life of the city has its roots in the medieval church. Choirs were attached to both the Oude Kerk and the Nieuwe Kerk, who accompanied the mass with evocative music. There were organs that were used during the services, but which were also played at other times for the entertainment of the public. And just as processions and other rites were forbidden by the reformed church council after the reformation, so too was music considered worldly and thus an undesirable diversion. In retrospect, the organ proved essential during church services to support the singing. And the city council reinstated the tradition of public organ recitals because the public was so partial to it. In the early

die zo op prijs stelde. In het begin van de zeventiende eeuw waren er liefst vijf orgelconcerten per week in de beide kerken.

Klokken- en orgelspel

Op marktdagen en bij bruiloften klinkt al eeuwenlang klokkenspel. Het merendeel van het huidige carillon van de Nieuwe Kerk werd in 1660 geleverd door de belangrijkste klokkengieter van die tijd, Pieter Hemony uit Amsterdam. Een beroemde klokkenist en organist was Dirck Scholl (1641-1727). Hij componeerde ook zelf muziek, die onder meer werd uitgevoerd door het Collegium Musicum. Dit gezelschap kwam vermoedelijk voort uit de middeleeuwse koortraditie. In 1767 kreeg het gezelschap de beschikking over een eigen muziekzaal in het Prinsenhof. Daar werden tot in de negentiende eeuw met grote regelmaat concerten georganiseerd, die tegen betaling konden worden bezocht. Toen de Doelen zijn militaire functie verloor, werd die verbouwd tot schouwburg en concertzaal. Het in 1831 geopende complex werd in 1904 uitgebreid tot een capaciteit van liefst duizend bezoekers. Anderhalve eeuw lang vonden hier concerten, toneelvoorstellingen en andere culturele evenementen plaats. Sinds 1995 heeft Delft de beschikking over een nieuw theater, De Veste.

Kamermuziek van wereldklasse

Ook het Prinsenhof is tegenwoordig overigens weer het toneel van muziekuitvoeringen. In 1997 werd in de glazen Van der Mandelezaal voor het eerst het Delft

seventeenth century there were no less than five organ recitals each week in the two churches.

Bells and organ

For centuries, the bells were rang on market days and for weddings. The majority of the current carillon in the Nieuwe Kerk was supplied in 1660 by the most important bell-founder of the time, Pieter Hemony from Amsterdam. A famous carillon player and organist was Dirck Scholl (1641-1727). He also composed music which was performed by artists such as the Collegium Musicum. This company probably had its origins in the medieval choir tradition. In 1767, the company were given their own music room in the Prinsenhof. Concerts were regularly organised there well into the nineteenth century; people had to pay to attend them. When the Doelen lost its military function it was rebuilt as a theatre and concert hall. The complex, which was opened in 1831, was expanded in 1904 to a capacity of no less than a thousand visitors. For a century and a half, concerts, theatre productions and other cultural events took place within these walls. Since 1995, Delft has a new theatre at its disposal, De Veste.

World class chamber music

Incidentally, today the Prinsenhof is once again the stage for music performances. In 1997, the Delft Chamber Music Festival, under the artistic leadership of violinist Isabelle van Keulen, was held for the first time in the glass Van der Mandel Room. For ten years

Chamber Music Festival georganiseerd, onder artistieke leiding van de violiste Isabelle van Keulen. Tien jaar lang zorgde zij ervoor dat vooral jonge solisten en ensembles uit de hele wereld een week lang concerten verzorgden. Sinds 2007 is de leiding in handen van Lisa Ferschtman, eveneens een vooraanstaand violiste. Het festival brengt topmusici en muziekliefhebbers van heinde en verre naar Delft en vele concerten worden via de radio uitgezonden in binnen- en buitenland.

Overal muziek

Het is niet alleen klassieke muziek waarmee Delft aan de weg timmert. Elk jaar is de binnenstad het toneel van zowel een jazz- als een bluesfestival. Op tal van podia in café's en in de open lucht vinden dan optre-

dens plaats. Om het andere jaar wordt de Markt omgetoverd in een openluchttheater voor Taptoe Delft, ooit een muziekfestival voor militairen, tegenwoordig voor burgerlijke showkorpsen. Een andere muzikale traditie die – tijdelijk – herleefde, was de Volkszangdag. Die werd gehouden van 1923 tot 1969 en is in 2007 en 2008 weer georganiseerd. Net als in de jaren vijftig en zestig stond de editie van 2007 onder leiding van Pierre van Hauwe, internationaal bekend als dirigent

Lisa Ferschtman, artistiek leider van het Delft Chamber Music Festival

—

Lisa Ferschtman, artistic leader of the Delft Chamber Music Festival

she arranged for mainly young soloists and ensembles from the whole world to perform in a week of concerts. Since 2007, the leadership has been in the hands of Lisa Ferschtman, also a prominent violinist. The festival brings top musicians and music lovers from near and far to Delft and many concerts are also broadcast on the radio at home and abroad.

Music everywhere

But it is not only classical music with which Delft is making a name for itself. Every year the inner city is the stage for both a jazz and a blues festival. Performances take place on countless stages in cafés and in the open air. Every other year, the Markt is transformed into an open-air theatre for the Delft Tattoo, once a musical festival for the armed services, today a festival for civilian show bands. Another musical tradition that was revived - temporarily - was the Volkszangdag [Community Singing]. This was held from 1923 to 1969 and was organised again in 2007 and 2008. In the 'fifties and 'sixties, Pierre van Hauwe, the internationally renowned conductor and music professor, was in charge, and he took the lead again in 2007. The following year he was too ill to participate and he died in 2009.

en muziekpedagoog. Het jaar daarna was hij al te ziek om mee te doen en in 2009 is hij overleden.

Delftse pop

Ook op het gebied van popmuziek heeft Delft een naam hoog te houden. Hier ontstonden bands als Tee Set en Alquin. Tee Set wist in 1970 met het nummer *Ma belle amie* de vijfde plaats van de Amerikaanse hitparade te bereiken. Alquin, genoemd naar de studentensociëteit van Sanctus Virgilius, beleefde geen internationale doorbraak, maar was op nationaal niveau wel een toonaangevende band, die in 1973 zelfs op Pinkpop speelde. Ook in Delft ontstond een popfestival. In 1989 werd ter gelegenheid van het honderdjarig bestaan van de wijk Westerkwartier voor het eerst Westerpop georganiseerd. Wegens groot succes werd het een jaarlijkse traditie. Een vast onderdeel is tegenwoordig de uitreiking van een prijs aan een veelbelovende band uit de regio. De bokaal is genoemd naar Peter Tetteroo, de in 2002 overleden voorman van Tee Set. Een ander lid van die band, Hans van Eijck, componeerde jarenlang liedjes voor het Delftse kinderkoor De Buddy's, dat van 1966 tot 2005 triomfen vierde. In 2000 scoorde 'Buddy' Jody Bernal de tot dan langstgenoteerde nummer-1 in de hitparade met het nummer *Que Si, Que No*. Maar de grootste invloed op het muziekleven heeft Delft misschien wel via Mojo Concerts. Dit in 1969 opgerichte bedrijf is uitgegroeid tot Nederlands marktleider in het organiseren van festivals en concerten ●

Pop in Delft

Delft also has a reputation to defend in the field of pop music. It was here that bands such as Tee Set and Alquin got started. In 1970, Tee Set managed to reach the fifth place in the American hit parade with the number *Ma belle amie*. Alquin, named after the student society of Sanctus Virgilius, did not achieve an international breakthrough, but was a reputable band at national level and played at Pinkpop in 1973. Delft also has a pop festival. In 1989, on the occasion of the hundredth anniversary of the Westerkwartier neighbourhood, the first Westerpop festival was organised. It was an enormous success and has become an annual tradition. A regular feature nowadays is the presentation of a prize to a promising band from the region. The cup is named after Peter Tetteroo, the leader of the Tee Set who died in 2002. Another member of the band, Hans van Eijck, composed for many years songs for the Delft children's choir De Buddy's, which had so many triumphs between 1966 and 2005. In 2000, 'Buddy' Jody Bernal scored the longest number 1 hit ever with the number *Que Si, Que No*. But the greatest influence on the music life of Delft may have come from Mojo Concerts. This company, founded in 1969, has grown into the Dutch market leader in the organisation of festivals and concerts ●

Taptoe Delft

Van 1954 tot 1974 was de Markt het toneel van Taptoe Delft, een jaarlijks festival voor militaire muziekkorpsen. Het idee daarvoor ontstond toen de Koninklijke Militaire Kapel meedeed aan de beroemde taptoe in Edinburgh. De directeur van de kapel, Rocus van Yperen, en majoor D. baron Mackay van de Generale Staf wisten minister van defensie C. Staf te winnen voor het idee zo'n evenement ook in Nederland te organiseren. Staf was in Delft opgeleid tot ingenieur en wist dus dat de Markt een geschikt terrein zou kunnen zijn. Op 20 augustus 1954 werd de eerste editie gehouden en dankzij het enorme succes was Taptoe Delft al snel een uiterst populaire traditie. Elk jaar werd de Markt door militairen omgetoverd in een exercitie- en showterrein. Alleen al het opbouwen en verwijderen van tribunes

Delft Tattoo

From 1954 to 1974, the Markt was the setting for the Delft Tattoo, an annual festival for military bands. The idea for this arose when the Royal Military Band participated in the famous tattoo in Edinburgh. The conductor of the band, Rocus van Yperen, and major D. baron Mackay of the General Staff were able to persuade the minister of defence, C. Staf, to back the organisation of such an idea in the Netherlands. Staf had studied to become an engineer in Delft and knew that the Markt would be a suitable area for this. The first tattoo was held there on 20 August 1954 and thanks to the enormous success, Delft Tattoo quickly became a highly popular tradition. Each year, the Markt was transformed by soldiers into an exercise and show ground. Even the erection and removal of the stands

en apparatuur was een schouwspel waar mensen uren naar konden kijken. De optredens trokken duizenden bezoekers uit binnen- en buitenland.

Taptoe in ongenade
Maar twintig jaar later viel de taptoe in ongenade. Het militaire karakter stuitte steeds meer mensen tegen de borst en op 20 november 1974 besloot de gemeenteraad vrijwel zonder discussie om het evenement op te heffen. Dit besluit werd door velen binnen en buiten Delft betreurd en van tijd tot tijd werd het idee gelanceerd om de taptoe nieuw leven in te blazen. Iedereen was

Taptoe Delft, 1958

Tattoo Delft, 1958

and equipment was a spectacle that people would watch for hours on end. The performances attracted thousands of visitors from home and abroad.

Tattoo in disgrace
But twenty years on, the tattoo fell into disfavour. The military character became repugnant to a growing number of people and on 20 November 1974, the municipal council decided, almost without any discussion, to disband the event. This decision saddened many both within Delft and farther afield and from time to time the idea was launched to revive the tattoo.

zich er wel van bewust dat het nooit meer zoals vroeger een militair festival zou kunnen worden. Uiteindelijk werd in 1996, ter gelegenheid van de viering van 750 jaar stadsrecht, een mooi compromis gevonden: op de Markt werd een grootse taptoe gehouden van burgerlijke showorkesten. Dit was zo'n succes, dat de roep om herhaling niet kon uitblijven. Een jaarlijks festival van deze omvang bleek onbetaalbaar, maar de taptoe wordt tegenwoordig georganiseerd in de even jaren.

Openluchttheater

Vroeger vond de taptoe plaats in de zomer, maar tegenwoordig in september. Dan is het 's avonds donker en kan een optreden met speciale verlichtingseffecten nog spectaculairder worden gemaakt. Het weer hoeft voor het publiek geen spelbreker te zijn, want er worden altijd overdekte tribunes gebouwd met comfortabele zitplaatsen. De Markt is wel 'het mooiste open-luchttheater van Nederland' genoemd. Die reputatie doet het plein tijdens de taptoe alle eer aan ●

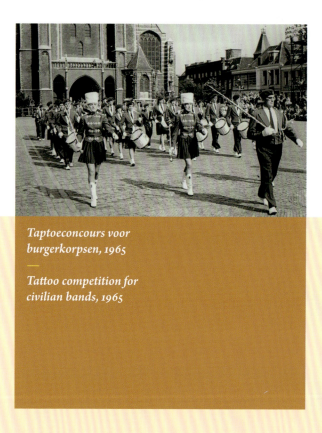

Taptoeconcours voor burgerkorpsen, 1965
—
Tattoo competition for civilian bands, 1965

Everybody was fully aware that it could no longer be a military festival as it had been in the past. Finally in 1996, on the occasion of the 750th anniversary of being granted municipal rights, a good compromise was found: a large tattoo was held on the Markt - of civilian show bands. This proved such a success that the call for repetition came as no surprise. An annual festival of this size proved prohibitively expensive, but the tattoo is now organised in even years.

Open air theatre

The tattoo used to take place in the summer; today it is held in September. Then it is dark in the evening and a performance can be made even more spectacular with special lighting effects. The weather need not prove a spellbreaker for the public, for covered stands are always erected with comfortable seating. The Markt has been called 'the finest open air theatre in the Netherlands'. The square certainly lives up to that reputation during the tattoo ●

Markt, Jazzfestival

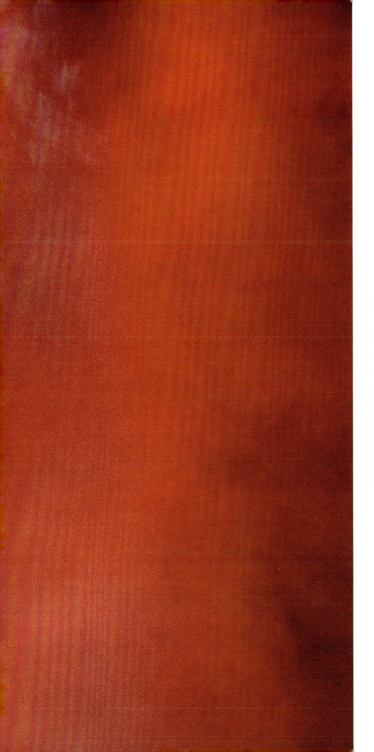

Theater De Veste | De Veste Theatre

Westerpop

Delft Chamber Music Festival in Museum Prinsenhof

Grachtenconcert tijdens het Delft Chamber Music Festival

Concert on a canal during the Delft Chamber Music Festival

Het Delft Chamber Music Festival op verschillende locaties

—

The Delft Chamber Music Festival at different locations

Jazzfestival, Wijnhaven

Jazzfestival,
Poptahof

Jazzfestival, Poptahof

Jazzfestival in de tuin van het Meisjeshuis

—

Jazz festival in the garden of the Meisjeshuis [Girls' House]

Bluesfestival,
Speakers

Speakers

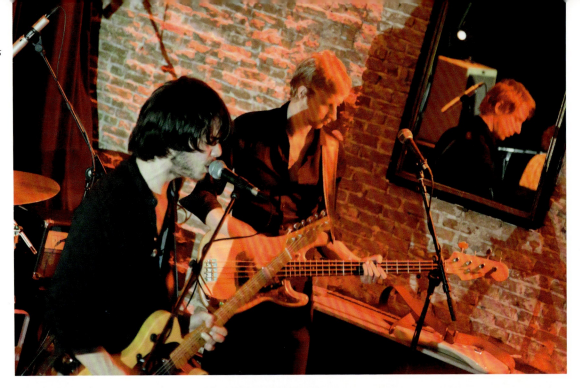

*Bluesfestival, café
De Oude Jan*

Bluesfestival, Floratheater | *Blues festival, Flora theatre*

Bluesfestival, café De Engel

Het Gulden ABC

*Bluesfestival,
Koningshuys*

De Waag

Kolk, gezien vanaf Hooikade | Kolk, viewed from Hooikade

Waterstad
– De mooiste sloot van Delft

Water city
– The most beautiful ditch in Delft

Op bijna elke straathoek in de Delftse binnenstad zie je wel een brug. Geen wonder, er zijn er ongeveer tachtig. Bijna alle grachten die op de zestiende-eeuwse kaart van Van Deventer staan, zijn er nog. Alleen aan de Nieuwe Langendijk en de Raam werd het water gedempt. En het deel van de Westvest tussen de Phoenixstraat en de Spoorsingel natuurlijk, maar dat komt terug als de spoortunnel is aangelegd. Deze gracht zal echter helaas niet diep en breed genoeg zijn om een 'rondje Delft' per rondvaartboot of roeiboot mogelijk te maken.

Gescheiden waterhuishouding

Dat Delft zoveel grachten heeft, komt door de ligging in een laaggelegen veengebied. Om dat voor bewoning geschikt te maken, moest het worden ontgonnen en dat betekende vooral: afgewaterd. Daarvoor werden sloten en kanalen gegraven – de naam Delft komt niet voor niets van 'delven'. De breedste vaarten konden meteen worden gebruikt voor transport van mensen

Oude Delft

On virtually every street corner in the inner city of Delft you will see a bridge. Not surprising, as there are around eighty of them. Nearly all the canals that are shown on the sixteenth-century map drawn by Van Deventer are still there. Only the Nieuwe Langendijk and the Raam have been filled in. And naturally the section of the Westvest between Phoenixstraat and the Spoorsingel, but that will be rebuilt when the railway tunnel is constructed. This canal will unfortunately not be deep or wide enough to allow a 'round-trip of Delft' by motor launch or rowing boat.

Separate hydraulic works

The reason Delft has so many canals is due to its location in a low-lying peat area. To make it suitable for housing, it first had to be reclaimed and that mainly means: drained. For that, ditches and canals were dug - the name Delft is not without reason derived from the Dutch word 'delven', which means dig or mine. The widest passages could immediately be used

en goederen, maar het water was ook een levensvoorwaarde voor de nijverheid. In de Middeleeuwen waren er in Delft twee belangrijke takken van 'industrie', met tegengestelde belangen. Langs de hoofdgrachten in het westelijke deel van de stad waren de brouwerijen gevestigd, die behoefte hadden aan schoon water. In het noordoosten was de textielnijverheid geconcentreerd, die het water juist vervuilde. De straatnamen getuigen nog altijd van het productieproces. De vollers langs de Voldersgracht maakten het laken dichter van structuur door het in een mengsel van urine en boter te drenken en met voeten te treden, waarna het moest worden uitgespoeld. Het werd gedroogd op rekken of 'ramen' aan de Raam en vervolgens geverfd langs de Verwersdijk. Een vernuftig stelsel van dammen en sluisjes zorgde ervoor dat de grachten waar de brouwerijen stonden, gevrijwaard bleven van het vieze water van de textielnijverheid. Vers water kon worden aangevoerd uit het veengebied ten oosten van de stad. De waterhuishouding werd gereguleerd door de Duivelsgatmolen aan het einde van de Geerweg en de Langendijkse molen aan het einde van de Nieuwe Langendijk.

Delft aan zee
Delft had dus al vroeg ervaring met watermanagement. Het had daarbij te maken met het Hoogheemraadschap van Delfland, dat in 1289 werd opgericht door graaf Floris V. Dit college was eeuwenlang gevestigd in de Waterslootsepoort en sinds 1645 in het Gemeenlands-

for the transport of people and goods, but the water was also a prerequisite for trade and industry. In the Middle Ages, there were two branches of 'industry' in Delft, both with conflicting interests. Along the main canals in the western part of the city were the breweries, which required clean water. In the north-eastern section, there was the textile industry, which actually polluted the water. The street names still bear witness to the production process. The fullers along the Voldersgracht [Fuller Canal] made the textile thicker in structure by drenching it in a mixture of urine and butter and stamping on it, after which it had to be rinsed. It was dried in racks or 'ramen' [windows] on the Raam and then dyed in workshops along the Verwersdijk [Dyer Dyke]. An ingenious system of dams and sluices ensured that the canals where the breweries were located were protected from the dirty water of the textile industry. Fresh water could be obtained from the peat area to the east of the city. The water balance was regulated by the Duivelsgatmolen [Devil's Hole Mill] at the end of the Geerweg and the Langendijkse mill at the end of the Nieuwe Langendijk.

Delft on Sea
Delft had experience with water management from early in its history. For this it was also involved with the Hoogheemraadschap [District Water Control Board] of Delfland, which was founded in 1289 by Count Floris V. This institute was located for centuries in the Waterslootsepoort [Water Ditch Gate] and since 1645

huis aan de Oude Delft 167. Belangrijk onderwerp van discussie was altijd hoe open of gesloten de waterwegen moesten zijn. Enerzijds was doorstroming nodig om overtollig water af te voeren, anderzijds moest in geval van nood buitenwater tegen kunnen worden gehouden. De waterhoeveelheid kon het best worden geregeld met dammen en sluizen, maar zulke kunstwerken belemmerden weer een vlotte doorvaart, die juist van belang was voor de Delftse handel. Die liep immers voornamelijk over water: via de Vliet naar het noorden en via de Schie naar het zuiden. Daar kwam een belangrijke route bij toen Delft in 1389 toestemming kreeg een vaart te graven van de Schie naar de Nieuwe Maas. Aan de monding werd Delfshaven gesticht, een satellietstadje dat het inlandig gelegen Delft toch een rechtstreekse toegang tot de zee bood. Zonder Delfshaven had Delft nooit zo'n belangrijke positie binnen de VOC gekregen en was er waarschijnlijk ook nooit Delfts blauw geweest.

Poeptonnen

Door de daling van de bodem rond Delft werd het steeds moeilijker om schoon water de stad in te laten stromen. In de negentiende eeuw groeiden bovendien de bevolking en het aantal vervuilende industrieën. Het grachtenwater was vies en het stonk. Diverse cholera-epidemieën maakten duidelijk dat het zo niet langer kon. De privaten mochten daarom niet meer op de grachten lozen. In elk huis moest een poepton worden geplaatst, die op gezette tijden werd opgehaald

in the Gemeenlandshuis [Country Hall] at 167 Oude Delft. An important topic of discussion always was how open or closed the waterway should be. On the one hand, circulation was necessary to drain away the superfluous water, on the other, water from the outside had to be blocked in the event of an emergency. The amount of water was best regulated with dams and sluices, but such contraptions obstructed a rapid transit by boats, which was in the interests of Delft tradesmen. Trade, after all, took place primarily over water: via the Vliet to the north and via the Schie to the south. An additional route was added in 1389 when Delft received permission to dredge a canal from the Schie to the Nieuwe Maas. Delfshaven was founded at its mouth; it was a satellite city that provided the land-bound Delft with direct access to the sea. Without Delfshaven, Delft would never have achieved its important position with the VOC and there probably would never have been Delftware.

Poop barrels

As the land around Delft dropped, it became increasingly difficult to have fresh water stream into the city. In the nineteenth century, the population also grew together with the number of polluting industries. The canal water was dirty and it stank. Various cholera epidemics made it clear that things could not continue as they were. The privies were no longer allowed to discharge directly into the canals. A poop barrel had to be placed in every house, which was collected at fixed

Oude Delft, gezien vanaf de Oude Kerk in zuidelijke richting

Oude Delft, seen from the Oude Kerk in a southward direction

door een tonnenman. Dat was al een hele verbetering, maar pas met de aanleg van riolering kwam een structurele oplossing voor de afvoer van uitwerpselen en gebruikt water in zicht. Het duurde overigens nog tot de zeventiger jaren van de twintigste eeuw voor alle huizen in Delft op het riool waren aangesloten.

Watertorens

Voor huishoudelijk gebruik werd eeuwenlang hemelwater opgevangen in een ton, een put of een kelder. Speciaal voorbehandeld drinkwater kwam pas tegen het einde van de negentiende eeuw beschikbaar. Na een kort experiment met de aanvoer van water uit

Delftse Hout

intervals by a barrel man. That was a considerable improvement, but a structural solution only came in sight with the construction of sewers for the discharge of effluent and used water. Incidentally, it took until the seventies of the twentieth century before all the houses in Delft were connected to the sewers.

Water towers

Rain water had for centuries been collected for household use in a barrel, a well or a cellar. Special pre-treated drinking water did not become available until towards the end of the nineteenth century. After a short experiment with the shipment of water from the dunes

de duinen in waterschepen, werd in 1887 een leiding aangelegd. Het water werd gewonnen in de duinen bij Monster en vandaar naar Delft gepompt, waar een toren van veertig meter hoog moest zorgen voor voldoende druk. Dat werkte niet helemaal bevredigend, zodat in 1895 een tweede toren aan de Wateringsevest werd gebouwd. Sinds 1921 komt het Delftse water uit Rotterdam. Dat was soms van slechte kwaliteit, met name als de aanvoer via de Rijn te gering was en er dus veel zout water de Maasmonding instroomde. Vooral in het begin van de zestiger jaren was het kraanwater nagenoeg ondrinkbaar, zodat water van elders moest worden aangevoerd met tankwagens en schepen. Het laboratorium van Shell aan de Broekmolenweg in Rijswijk bood Delftenaren de gelegenheid om daar gratis duinwater te halen, waar veel gebruik van werd gemaakt. Als dank schonk de bevolking in 1964 een plastiek van De Porceleyne Fles, die sinds 2007 te bewonderen is bij – heel toepasselijk – de voormalige watertoren aan de Wateringsevest. De problemen met het Rijnwater waren gelukkig van tijdelijke aard, mede door de aanleg van spaarbekkens in de Biesbosch. Het Delftse kraanwater is sindsdien altijd uitstekend •

in water ships, a pipeline was constructed in 1887. The water was extracted from the dunes near Monster and from there pumped to Delft, where a tower forty metres high had to provide sufficient pressure. That did not work to complete satisfaction, and in 1895 a second tower was built on the Wateringsevest. Since 1921, the water in Delft has come from Rotterdam. That was sometimes of poor quality, particularly when the water that came via the Rhine was insufficient, thus allowing a lot of salt water to stream into the Maas estuary. Particularly in the early 'sixties, tap water was almost undrinkable, so that water had to be transported in by truck and ship. The Shell laboratory on Broekmolenweg in Rijswijk offered the people of Delft the opportunity of collecting free dune water there, where a lot of use was made of it. In gratitude, the population presented in 1964 a model of De Porceleyne Fles, which, from 2007, can be admired - extremely appropriately - in front of the former water tower on the Wateringsevest. The problems with the Rhine water were fortunately of a temporary nature, partly thanks to the construction of the reservoirs in the Biesbosch. Since then, Delft tap water has always been excellent •

De mooiste sloot van Delft

Aan de westkant van Delft loopt een vaart in de richting van Den Hoorn en Schipluiden. Officieel heet dit water de Gaag of de Kickert, maar iedereen noemt het naar de straat die er langs loopt de Buitenwatersloot. Waar een Buitenwatersloot is, verwacht je ook een Binnenwatersloot – en die is er inderdaad. Het gedeelte van de vaart dat bij de stadsuitbreiding van 1355 binnen de omwalling kwam te liggen, heet Binnenwatersloot. De twee wateren werden gescheiden door de Waterslootse poort. Die is in de negentiende eeuw gesloopt om ruimte te maken voor de spoorlijn en het toenemende verkeer over de weg. Als we oude afbeeldingen en beschrijvingen mogen geloven, was dit een van de grootste poortgebouwen van Nederland. Tot de ingebruikneming van het Gemeenlandshuis aan

The most beautiful ditch in Delft

To the west of Delft, a canal runs in the direction of Den Hoorn and Schipluiden. Officially this stretch of water is called the Gaag or the Kickert, but everybody uses the name of the street that runs alongside it: the Buitenwatersloot. Where there is a Buitenwatersloot [Outer Water Ditch], you expect a Binnenwatersloot [Inner Water Ditch], and that is indeed present. The section of the waterway which came to be inside the city, when the city was extended in 1355, is called the Binnenwatersloot. The two waterways are separated by the Waterslootse gate. This was demolished in the nineteenth century to make room for the railway line and the increasing traffic using the road. If we are to believe old illustrations and descriptions, this was one of the largest gate buildings in the Netherlands. Until the

de Oude Delft in 1645 zetelde hier het Hoogheemraadschap van Delfland. Overtreders van de keuren van het waterschap konden worden opgesloten in de torens, die dienst deden als gevangenis.

Westlanders

De Gaag vormde vanouds de verbinding van Delft met het Westland. Van daaruit werden groenten, fruit en zuivelproducten als kaas en boter aangevoerd naar de markten of de veiling in Delft. Al dat vervoer vond plaats met speciale platbodems, zogenaamde Westlanders. Een andere vorm van transport was de beurtvaart per trekschuit, die via de Gaag de verbinding verzorgde tussen Delft en Schipluiden, Maassluis en Vlaardingen. Via de Vliet en de Schie werden eveneens regelmatige

Buitenwatersloot

Gemeenlandshuis on Oude Delft was taken into use in 1645, it housed the Hoogheemraadschap of Delfland. Offenders against the statutes of the water regulatory authority could be locked up in the towers, which served as a prison.

Westlanders

The Gaag was the traditional connection between Delft and the Westland. From there, vegetable, fruits and dairy products, such as cheese and butter, were shipped to the markets or the auction sales in Delft. All that transport took place with special flat-bottoms, the so-called Westlanders. Another form of transport was the regular towing barge service, which maintained a service between Delft and Schipluiden, Maassluis

trekschuiverbindingen met andere steden onderhouden. In verschillende Delftse kademuren zitten nog stenen die de vertrekplaats aangeven, soms met de ingebeitelde namen van de bestemmingen.

Voorstad van Delft

Het scheepvaartverkeer over de Gaag leidde tot veel bedrijvigheid. Reeds in de Middeleeuwen ontstond er langs de kades dan ook een heuse voorstad van Delft. Er waren bijvoorbeeld herbergen waar schippers met hun knechten vertier zochten als zij moesten wachten om de stad in te kunnen varen. Al in de zeventiende eeuw stond er op de hoek van de Buitenwatersloot een herberg van de familie De Bolk, die tot 1939 als hotel in gebruik was. Nu is het de sociëteit van de studentenvereniging Nieuwe Delft, maar iedereen kent deze als de Bolk. Aan weerszijden van het water stonden winkels waar de vrouwen van de schippers inkopen deden terwijl hun mannen naar de markt of de veiling gingen. Als je de Buitenwatersloot afloopt, kun je aan de opschriften op de huizen nog zien dat er veel middenstand is geweest. Alleen al het aantal bakkers en slagers was er veel hoger dan gemiddeld.

Hofje van Nooit Gedacht

Aan de zuidzijde van de Buitenwatersloot heeft een hofje gelegen, het zogenaamde Hofje van Nooit Gedacht. Er stonden dertien woningen, die als officieel adres de Buitenwatersloot hadden. Ze zijn omstreeks 1882 verdwenen toen de Handboogstraat werd aan-

and Vlaardingen. There were also regular towing barge services via the Vliet and the Schie with other cities. The Delft quay walls still contain stones which indicate the embarkation points, sometimes with the chiselled names of the destinations.

Suburb of Delft

The shipping traffic over the Gaag led to considerable industry. Even in the Middle Ages, a real suburb of Delft arose along the banks. There were, for example, inns where skippers and their hands sought entertainment when they had to wait for permission to sail into the city. As far back as the seventeenth century, an inn belonging to the family De Bolk stood on the corner of the Buitenwatersloot; it remained in use as a hotel until 1939. Now it is the society of the Nieuwe Delft student association, but everybody knows it as the Bolk. Shops stood on both sides of the water, where the skippers' wives could do their shopping while their husbands went to the market or the auction. If you walk to the end of the Buitenwatersloot, you can see from the inscriptions on the houses that there were a lot of shopkeepers and merchants here. Just the number of bakers and butchers was a lot higher than the average.

Hofje van Nooit Gedacht

A courtyard was located on the south side of the Buitenwatersloot, the so-called Hofje van Nooit Gedacht [Courtyard of Never Would Have Thought]. There were thirteen houses, which had Buitenwa-

gelegd, maar de huisnummering is nooit aangepast. Vandaaar dat de nummering aan de Buitenwatersloot nog altijd verspringt van 83 naar 121.

Uil en Papegaai

Verderop aan dezelfde kant van de gracht stonden ooit twee molens, de Uil en de Papegaai. De laatste werd gesloopt in 1936, waarna op die plaats een blok met zes woningen werd gebouwd. In de gevel van nummer 157-159 werd de oude gevelsteen van de molen ingemetseld. Hij dateert uit 1690 en draagt uiteraard een papegaai als afbeelding. Enkele jaren geleden is hij prachtig gerestaureerd. De fietsbrug voor deze huizen heet ook toepasselijk de Papegaeybrug.

De Buitenwatersloot lijkt zo'n bescheiden grachtje, maar wie goed om zich heen kijkt, ontdekt een rijke geschiedenis •

tersloot as their official address. They disappeared around 1882, when the Handboogstraat was laid, but the house numbers were never adjusted. That explains why the numbering on the Buitenwatersloot still springs from 83 to 121.

Uil and Papegaai

Farther along, on the same side of the canal, there used to be two mills, the Uil and the Papegaai [the Owl and the Parrot]. The latter was demolished in 1936, and a block of six houses was built where it once stood. The old gable stone of the mill was fixed in the façade of number 157-159. It dates from 1690 and naturally has a parrot as illustration. Several years ago, it was beautifully restored. The bike bridge in front of these houses is also appropriately named the Papegaeybrug [the Parrot Bridge].

The Buitenwatersloot seems such a modest little canal, but anybody who really looks around will discover a rich history •

Gemeenlandshuis van Delfland, gezien vanaf de Oude Kerk

—

Gemeenlandshuis of Delfland, viewed from the Oude Kerk

Gemeenlandshuis van Delfland, interieur

Gemeenlandshuis of Delfland, interior

Detail kaart van Delfland (1712)

—

Detail map of Delfland (1712)

Kaart van Delfland (1712)

—

Map of Delfland (1712)

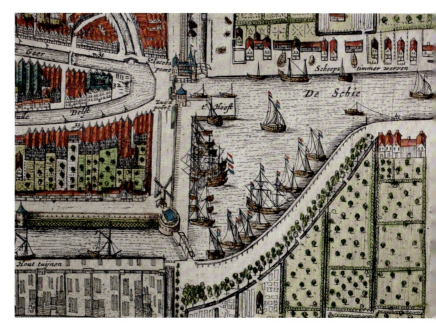

Kaart van Delft (1649)

—

Map of Delft (1649)

Gemeenlandshuis van Delfland, vergaderzaal | *Gemeenlandshuis of Delfland, assembly room*

Peilschaal in Oude Delft

—

Water level gauge in Oude Delft

Peilschaal op nieuw kantoor van Delfland in Delftechpark

—

Water level gauge on new office of Delfland in Delftechpark

Oranje Plantage

Talloze bruggen | *Numberless bridges*

Koornmarkt

Kolk, gezien vanaf Hooikade | *Kolk, viewed from Hooikade*

Delftse Hout | Delftse Hout [Delft Wood]

Oostplantsoen, clubhuis De Delftse Sport | Oostplantsoen, club house De Delftse Sport

Wateringseweg, nieuwe 'Calvébrug' | Wateringseweg, new 'Calvé bridge'

Groene stad
– Een kroonprins in het Kalverbos?

Green city
– A crown prince in the Kalverbos?

Delft een groene stad? Dat zou je op het eerste gezicht niet zeggen, met die nagenoeg aaneengesloten bebouwing en het web van snelwegen eromheen. Maar bij nadere beschouwing is er nog heel wat groen te ontwaren en wat meer is: het wordt tegenwoordig gekoesterd. Zelfs in de binnenstad is meer groen dan je denkt. Op luchtfoto's of vanaf de kerktorens is goed te zien hoe diep de tuinen achter de grachtenpanden vaak zijn. Er staan kolossale bomen, die door de bebouwing aan het zicht worden onttrokken, maar wel degelijk functioneren als de longen van de stad. Bomen leveren ook een belangrijke bijdrage aan het karakteristieke stadsgezicht, kijk maar naar de iepen langs de grachten, de kastanjes op het Sint Agathaplein of de platanen op het Doelenplein en de Beestenmarkt.

Kooltuinen en theehuizen

Het platteland begon eeuwenlang al direct buiten de Delftse stadswallen. Daar lagen de kooltuinen en boomgaarden, waar groenten en fruit werden geteeld, en er stonden verspreide boerderijen. Alleen direct buiten de poorten langs de Schie, Vliet en Buitenwa-

show how long the gardens often are behind the canal houses. There are enormous trees, which are hidden from sight by the buildings, but really function as the city's lungs. Trees also make an important contribution to the characteristic cityscape - just look at the elms along the canals, the chestnuts on the Sint Agathaplein or the plane trees on the Doelenplein and the Beestenmarkt.

Vegetable gardens and tea houses

For centuries, the countryside began directly outside the Delft city walls. There you found the vegetable gardens and the orchards, where vegetable and fruit were grown, and here and there a farm. Suburbs only arose immediately outside the gates along the Schie,

Delft a green city? You wouldn't say that at first glance, with virtually continuous buildings and the web of motorways surrounding it. But if you look carefully, you will discover quite a lot of greenery and what's even better: it is carefully cherished. Even the inner city has more greenery that you would suspect. Aerial photos or those taken from the church towers clearly

tersloot waren voorstadjes ontstaan. Daar vestigden zich neringdoenden die niet binnen de muren werden geduld omdat ze stank of brandgevaar veroorzaakten. Maar ook bedrijven die veel ruimte nodig hadden, zoals blekerijen, of die verbonden waren met vaarwegen, zoals de scheepmakerijen langs de Schie. En er stonden herbergen voor degenen die bij hun aankomst in Delft de poort al gesloten vonden of voor stedelingen die op een mooie dag buiten de muren verpozing zochten. Er zijn altijd mensen geweest die de stadslucht van tijd tot tijd wilden ontvluchten en sommigen bouwden zelfs een klein buitenverblijf. Langs de Laan van Overvest staan bijvoorbeeld nog vier achttiende-eeuwse theehuizen. Drie zijn er aan het zicht onttrokken door latere bebouwing, maar aan het huis op nummer 10 kun je nog afzien dat de gebruikers een flink perceel tot hun beschikking hadden om zich te ontspannen. Een soort volkstuin voor de elite, zou je kunnen zeggen.

Zocher in Delft
Tegelijk met de eerste stadsuitbreidingen in de negentiende eeuw nam de waardering voor een groene omgeving toe. In 1837 ontwierp J.D. Zocher jr een prachtig plan voor de aanleg van een wandelpark op de in onbruik geraakte stadswallen, dat helaas niet werd uitgevoerd. Zijn zoon L.P. Zocher heeft wel tastbare sporen in Delft nagelaten. Hij ontwierp in 1880 het Agnetapark, een tuindorp dat door de grootindustrieel J.C. van Marken veel geschikter werd geacht als woon-

Vliet and Buitenwatersloot. Tradesmen took premises here if their activities were not allowed within the walls because of the stench or fire hazard they caused. But also businesses that needed a lot of space, such as laundries, or those connected to waterways, such as shipyards along the Schie. And there were inns for those who arrived at Delft after the gates had been closed or for city-dwellers who wanted to rest for a while outside the walls. There have always been people who occasionally wanted to escape the city air and some even built a small country house. Along the Laan van Overvest, for example, there are still four eighteenth-century tea houses. Three have been blocked from view by later buildings, but you can see from number 10 that the users had a large plot of land at their disposal where they could relax. A sort of allotment for the well-to-do, you could say.

Zocher in Delft
Simultaneously with the first city expansion in the nineteenth century, the appreciation of a green environment increased. In 1837, J.D. Zochter jr designed a wonderful plan for the development of a park on the city walls that had fallen into disuse; unfortunately it was never implemented. His son, however, L.P. Zocher did leave tangible traces in Delft. In 1880 he designed the Agneta Park, a garden city that the industrialist J.C. van Marken considered much more suitable as living environment for his staff than a densely populated workers' district such as the Westerkwartier. Only on

omgeving voor zijn personeel dan een dichtbebouwde arbeiderswijk als het Westerkwartier. Alleen aan de noordkant van de stad werd op de deels geslechte wal en de gedempte gracht een fraaie plantsoenstrook aangelegd, tussen het Koningsplein en de Nieuwe Plantage. Ook het Kalverbos, een voormalige begraafplaats op het bolwerk, werd toen heringericht.

Stadsparken

In de jaren dertig van de twintigste eeuw kwamen de eerste stadsparken tot stand. In de nieuwe wijk Hof van Delft werd het Wilhelminapark aangelegd en aan de oostkant van de stad, rond de Nootdorpse Plassen, de Hertenkamp. Dit laatste was een project om mensen die door de crisis waren getroffen, toch aan het werk te houden. De herten werden trouwens pas uitgezet na de Tweede Wereldoorlog, toen de ergste voedselschaarste achter de rug was. In de jaren zestig werd het recreatiegebied sterk uitgebreid door de aanleg van de Delftse Hout. Een belangrijke attractie is de Grote Plas,

Wilhelminapark

the northern side of the city on a partly demolished quay and the filled in canal was an attractive strip of vegetation planted, between the Koningsplein and the Nieuwe Plantage. The Kalverbos, a former cemetery on the rampart, was also replanted at the time.

City parks

The first city park came into being in the thirties of the twentieth century. The Wilheminapark was planted in the new district Hof van Delft and to the east of the city, around the Nootdorpse Plassen, the Hertenkamp [Deer Park]. This latter project was instigated to give work to people who had been hit by the crisis. The deer, incidentally, were only introduced after the Second World War, when the worst food shortage was a thing of the past. In the sixties, the recreational area was expanded further with the creation of the Delftse Hout [Delft Wood]. An important attraction is the Grote Plas [Great Lake], which was created when sand was excavated for residential building. Paths for hikers,

ontstaan door zandafgraving ten behoeve van woningbouw. Paden voor wandelaars, fietsers en ruiters, een strandje, een camping, een heemtuin, een kinderboerderij, een waterspeeltuin en natuureducatiecentrum De Papaver bieden volop gelegenheid voor recreatie in het groen.

Groene buffer

Bij de stadsuitbreidingen na de Tweede Wereldoorlog werd stelselmatig rekening gehouden met de aanleg van groene zones. Dat gebeurde volgens de inzichten van die tijd. In Voorhof en Buitenhof strak, in Tanthof juist meer organisch. Ook uit het oogpunt van wateropvang is het van groot belang dat niet het hele oppervlak wordt 'versteend', maar dat er voldoende ruimte open blijft. Dat geldt niet alleen op kleine schaal binnen de stad, maar ook daarbuiten. Er zijn strikte afspraken gemaakt tussen de verschillende bestuurslagen om ervoor te zorgen dat er tussen de steden een groene zone blijft. Midden-Delfland is daar een belangrijk onderdeel van, met een hoge cultuurhistorische, landschappelijke en ecologische waarde. Ten zuiden van Delft vormt het Abtswoudse bos een groene buffer tegen oprukkende bebouwing en in het oosten fungeren Delftse Hout en Bieslandse bos als zodanig. Zo blijft Delft ondanks de hoge bevolkingsdichtheid van de Randstad toch een groene stad ●

---

cyclists and horse riders, a beach, a camping site, botanical gardens, a children's farm, a water paradise and the Papaver [Poppy] nature education centre offer more than enough opportunity for recreation in green surroundings.

Green buffer

When the city expanded after the Second World War, the creation of green zones was specifically taken into account. This took place in line with the ideas of the period. In Voorhof and Buitenhof regimented, in Tanthof more organic in form. It is also important from the perspective of water retrieval that the whole surface should not be 'paved', but that sufficient space remains open. That does not only apply on a small scale within the city, but also outside it. Strict agreements have been made between the various administration layers to ensure that a green zone is retained between the cities. Midden-Delfland is an important part of this, with a high cultural-historic, landscape and ecological value. To the south of Delft, the Abtswoudse wood forms a green buffer between advancing buildings and in the east, Delftse Hout and Bieslandse wood also act as such. In this way, Delft will remain a green city, despite the high population density of the so-called Randstad ●

Een kroonprins in het Kalverbos?

Aan de noordkant van de oude binnenstand, aan de voet van de watertoren, ligt een klein parkje, het Kalverbos. Het is een overblijfsel van de voormalige begraafplaats Haagweg. Na de opheffing in 1874 zijn bijna alle graven overgebracht naar de nieuwe locatie Jaffa. Slechts vier graven zijn blijven liggen, waaronder dat van een heuse kroonprins. Althans: zo beschouwde hij zich zelf.

Troonpretendenten

Op 10 augustus 1845 overleed in Delft Karl Wilhelm Naundorff. Hij beweerde dat hij niemand minder was dan de zoon van de in 1793 onthoofde Franse koning Lodewijk XVI en diens vrouw Marie Antoinette. Volgens de officiële lezing was het toen tienjarige prinsje

A crown prince in the Kalverbos?

On the north side of the old inner city, at the foot of the water tower, there is a small park, the Kalverbos. It is all that remains of the former Haagweg cemetery. When it was closed down in 1874, nearly all the graves were transferred to the new location Jaffa. Only four graves remained where they were, including that of a genuine crown prince. At least: that is how he thought of himself.

Throne pretenders

Karl Wilhelm Naundorff died in Delft on 10 August 1845. He claimed that he was no-one less that the son of the French king Louis XVI and his wife Marie Antoinette who had been beheaded in 1793. According to the official version, Prince Louis, who was ten at the time,

Lodewijk in 1795 overleden in een Parijse gevangenis. Maar vrijwel onmiddellijk doken geruchten op dat er een persoonsverwisseling had plaatsgevonden en dat de echte kroonprins was ontsnapt. In het begin van de negentiende eeuw liepen er dan ook verschillende lieden rond die beweerden dat zij recht hadden op de Franse troon.

Kostbare schilderijen

Een van die pretendenten was Naundorff. De eerste harde feiten over zijn leven hebben betrekking op zijn verblijf in Duitsland. In 1810 trouwde hij in Berlijn met Johanna Einert. Twaalf jaar later dook hij op in Brandenburg. Daar zat hij een gevangenisstraf uit wegens valsemunterij. In de gevangenis presenteerde hij zich voor het eerst als Lodewijk XVII. In 1833 vertoefde hij in Parijs, waar sommigen hem meenden te herkennen als de kroonprins. Kennelijk beschouwde de overheid hem als staatsvijand, want hij werd het land uitgezet, waarna hij zijn toevlucht zocht in Engeland. Daar zette hij zijn levensverhaal op papier en schreef hij een religieus werk. De Paus bestempelde hem als een bedrieger

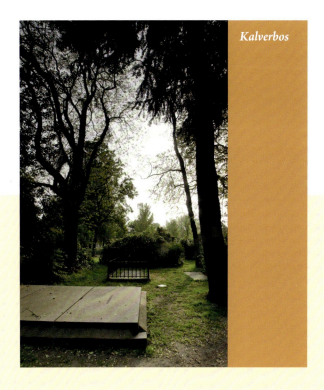

Kalverbos

died in 1795 in a Paris prison. But almost immediately, rumours surfaced that a case of mistaken identity had occurred and that the real crown prince had escaped. In the early nineteenth century, there were several people who maintained that they had a rightful claim to the French throne.

Valuable paintings

One of the pretenders was Naundorff. The first hard facts about his life refer to his time in Germany. In 1810, he married Johanna Einert in Berlin. Twelve years later, he popped up in Brandenburg. There he served a prison sentence for counterfeiting money. He presented himself for the first time in prison as Louis XVII. In 1833 he stayed in Paris, where some people thought they recognised him as the crown prince. Apparently the government considered him an enemy of the state, because he was deported; he subsequently sought refuge in England. There he committed the story of his life to paper and also wrote a religious work. The Pope called him a fraud and excommunicated him from the Roman Catholic Church. Naundorff fell on hard times

en zette hem uit de rooms-katholieke kerk. Naundorff raakte aan lager wal en moest zijn inboedel laten veilen. Daarin bleken zich verrassend kostbare schilderijen te bevinden, onder meer van David Teniers en Fra Angelico. Kennelijk had hij op de een of andere manier een fortuin vergaard.

Een explosief verhaal

In 1845 wilde hij naar Nederland. Omdat hij de naam De Bourbon voerde, werd hij eerst niet toegelaten, maar uiteindelijk wist hij het land toch binnen te komen. In de Nieuwe Rotterdamsche Courant plaatste hij een advertentie om aan te kondigen dat hij een bijzonder soort bom kon ontwikkelen. Hij wist de directeur van de Koninklijke Militaire Academie in Breda ervan

Graf van Naundorff

Grave of Naundorff

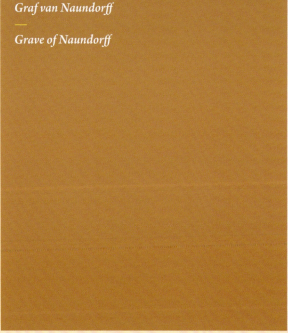

and had to auction off his belongings. These turned out to include surprisingly valuable paintings, including works by David Teniers and Fra Angelico. He had apparently in one way or another accumulated a fortune.

An explosive story

In 1845 he wanted to visit the Netherlands. Because he used the name De Bourbon, he was initially refused entry, but finally he managed to enter the country. He placed an advertisement in the Nieuwe Rotterdamsche Courant to announce that he could develop a particular type of bomb. He was able to convince the director of the Royal Military Academy in Breda that this was no idle promise. He signed a contract with the Dutch government for the development of his plans for an

te overtuigen dat dit geen loze belofte was. Met de Nederlandse regering sloot hij een contract voor het uitwerken van zijn plannen voor een buitengewoon krachtig explosiemiddel, een raket, een handraket, mijnen, onzinkbare oorlogsbodems en nog veel meer. Als hij alle vindingen binnen een jaar realiseerde, zou hem de voor die tijd onvoorstelbare som van een miljoen gulden worden uitbetaald. Om hem in staat te stellen aan zijn uitvindingen te werken, werd hij benoemd tot directeur van het Pyrotechnisch Atelier van de Stapel- en Constructiemagazijnen te Delft. Deze werkplaats voor de ontwikkeling van munitie en explosieven was onderdeel van de omvangrijke militaire industrie die de stad toentertijd binnen zijn grenzen had.

Dood in Casino
Hier aangekomen vestigde hij zich in hotel Casino, aan de Oude Delft 48. Hij kocht het huis Voorstraat

Kalverbos

exceptionally powerful explosive, a rocket, a hand rocket, mines, unsinkable war ships and a lot more. If he was able to implement all his inventions within one year, he would be given a sum of money that was unimaginably high for the time of one million guilders. To enable him to work on his inventions, he was appointed director of the Pyrotechnical Studio of the Stapel- en Constructiemagazijnen in Delft. This workplace for the development of munition and explosives was part of the sizeable military industry that the city had within its limits at the time.

Death in Casino
When he arrived, he took up residence in the Casino hotel, at 48 Oude Delft. He bought the house at 22 Voorstraat, but he would never live there: he died on 10 August 1845. In the death certificate he is entered as Charles Louis de Bourbon, Duke of Normandy, also

22, maar hij zou er nooit wonen: op 10 augustus 1845 overleed hij. In de overlijdensakte staat hij ingeschreven als Charles Louis de Bourbon, hertog van Normandië, ook bekend als Charles-Guillaume Naundorff. Hij werd begraven op de begraafplaats aan de Haagweg, het tegenwoordige Kalverbos.

Een illusie armer

Nazaten van Naundorff in Frankrijk en Canada voeren nog altijd de naam De Bourbon. Zij hebben anderhalve eeuw gestreden voor erkenning van hun koninklijke afkomst. Tot drie maal toe is er onderzoek gedaan op de stoffelijke resten van Naundorff. In 1950 werden haren en bot uit de kist verwijderd voor wetenschappelijke analyse. De structuur van de haren bleek echter onvoldoende bewaard om verwantschap met onomstreden Bourbons vast te stellen. Eind jaren negentig leek DNA-onderzoek definitief uit te wijzen dat Naundorff een bedrieger was, maar de uitkomst van dat onderzoek werd door zijn nakomelingen aangevochten. Volgens hen stond niet vast dat het onderzochte bot inderdaad het in 1950 uit de kist verwijderde fragment was. Daarom drongen zij aan op een nieuwe opening van het graf en in 2004 kregen zij hun zin. Maar ook het onderzoek van het toen geanalyseerde botmateriaal toonde onomstotelijk aan dat Naundorff geen nazaat was van het Franse koningshuis. Daarmee is het Delftse Kalverbos een mooi verhaal armer •

known as Charles-Guillaume Naundorff. He was buried in the cemetery on Haagweg, the place that is now Kalverbos.

One illusion poorer

Descendants of Naundorff in France and Canada still use the name De Bourbon. They have fought for recognition of their royal background for a century and a half. An investigation of the mortal remains of Naundorff has been carried out on no less than three occasions. In 1950, hairs and bone were removed from the coffin for scientific analysis. The structure of the hair, however, had not been sufficiently preserved to allow any relationship with the undisputed Bourbons to be determined. At the end of the 'nineties, DNA research seemed to prove without a doubt that Naundorff was an imposter, but the results of that investigation were contested by his descendants. According to them, it was not proven that the bone used in the research was, in fact, the fragment of bone that had been taken from the coffin in 1950. For that reason they pushed for the grave to be opened again and in 2004 they had their way. But the investigation of the bone material analysed at that time showed indisputably that Naundorff was not a descendant of the French royal family. And that means that Delft's Kalverbos is a fine story poorer •

Prins Bernhardlaan

Tuinen tussen Voorstraat en Oude Delft

—

Gardens between Voorstraat and Oude Delft

*Delftse Hout,
Grote Plas*

—

*Delftse Hout,
Great Lake*

Virulypad richting Pijnacker | Virulypad going to Pijnacker

Bieslandseweg

Tanthofkade

Delftse Hout

315

Delftse Hout

Choorstraat

Buitenhofdreef

Papsouwselaan

Kalverbos